이제야 비로소
나를 사랑하게 되었다

이제야 비로소
나를 사랑하게 되었다

6년째 투병 중인 암밍아웃러의 자기 사랑 스토리

김민지 지음

아미북스

Prologue

우리는 적당한 거리와
시간을 두기로 했다

나는 참 행복하다고 생각했다. 세상에서 우리 집 큰딸이 제일이라고 생각하고 아껴주는 아빠. 엄격하기만 하다고 생각했지만 참 좋은 엄마, 아내, 며느리로 살아온 존경하는 엄마. 24시간 365일 붙어 있어도 또 같이 있고 싶은 여동생. 묵묵하게 하지만 막내답게 자리 지켜주는 남동생. 아흔의 나이에도 몸도 마음도 건강하신 할머니, 할아버지. 아빠처럼 세상에서 내가 제일 잘나고 예쁘다고 아껴주는 남편. 토끼 같은 딸들.

모든 것이 완벽했다. 눈이 부시게 완벽했다.

암 진단을 받기 직전의 어느 날, 온 가족이 함께 시간을 보내고 돌아오는 차 안에서 갑자기 이유 없는 불안이 몰려왔다. 나는 지금 완벽하게 행복하다. 완벽한 사랑 속에 살고 있다.

'이래도 되는 걸까? 세상이 나에게만 이런 완벽한 행복을 줄 리 없어.'

내 행복을 만끽하지 못한 것에 대한 벌이라도 받듯 암 진단을 받고 무심코 이런 생각이 들었다. 이유 없이 사막에 내던져진 기분이 든다고 친정엄마에게 말하자, 이렇게 대답해주셨다.

"사고로 하루아침에 아무 준비도, 인사도 없이 죽는 사람도 많아. 우리는 어떤 병인지 알고, 어떻게 치료해야 하는지를 아니 그보다는 다행이야. 우리 인생에 지병이 하나 생겼다고 생각하자. 나이가 들면 지병 없는 사람이 어디 있냐. 우리는, 조금 이르지만 병을 알고, 치료받고, 그리고 평생 관리하며 사는 거야."

이 말은 내가 투병 내내 이겨낼 수 있게 해주는 마음의 디딤돌이 되었다.

'나는 환자다. 나는 약한 존재고, 모두 나를 주시하고 도와줘야 한다. 유방암을 병력을 가진 안쓰러운 사람이다.'

이렇게 생각했다면 나는 기나긴 투병 내내 끝도 없는 우울의 나락에 빠져버리고 말았을지 모른다. 엄마의 조언이 도움이 되었던 건, '나도 남들과 다르지 않다. 그저 지병 하나 생겼을 뿐이야.'

우리는 적당히 약간의 거리를 두었다.
우리는 적당히 서로에게 시간을 주었다.

라고 생각할 수 있도록 해주었기 때문이었다.

엄마는 10년 전 유방암 진단을 받았다. 대학교 중간고사 날 시험을 치열하게 치르고 강의실을 나오며 전화를 받았다. 아빠였다. 엄마가 암 진단을 받았다고 했다. 집으로 돌아가는 길. 버스정류장. 많은 사람들 틈에 정말 영화처럼 세상이 까매지고 나에게만 천둥 번개가 몰아치는 듯했다. 정신을 차릴 수가 없었다. 그 자리에 그냥 주저앉아 울고 말았다.

내가 진단을 받았을 때 엄마는 힘들어했다. 하필 엄마의 그것과 같은 자리. 엄마의 그것과 같은 사이즈라고 했다. 나는 그게 너무나도 싫었다. '엄마도 그러더니, 너도 결국'이라는 말을 혐오했다. 화가 치밀었다. 엄마는 힘들었다. 엄마도 나도 겪어보았기에 환자 본인의 아픔과 가족의 고통이 가볍지 않다는 것을 잘 알고 있었다. 진단을 받고 곧바로 눈물 닦고 일어서야 했던 이유가 여기에 있었다. 가까이 살며 시시콜콜한 모든 얘기를 공유했던 가족들은 이제 서로 아껴야 하는 말이 생겼다. 누군가 슬퍼할까 두려워 입 밖에 꺼내지 못하는 말들.

우리는 적당히 약간의 거리를 두었다.
우리는 적당히 서로에게 시간을 주었다.

그들은 내가 다시 새로운 세상 속에서 나를 쌓아갈 수 있도록 거리를 두고 기다려주었고, 나는 내가 만든 세상에 그들이 천천히 스며들 수 있도록 시간을 주었다. 그렇게 우리는 다시 우리의 세상을 만들었다.

Contents

Prologue 우리는 적당한 거리와 시간을 두기로 했다 04

Chapter 1. 어느 날, 나에게 암이 교통사고처럼 왔다

처음 암 진단 받던 날 15   내가 암 환자라니 18
우리 아가, 엄마가 꼭 지켜줄게 21   스물일곱 살 23
아이에게 꼬리표가 될까 봐 24   나만 이렇게 되었구나 25
1센티미터가량 남겨놓은 머리카락 29   너무 젊어서 30
나의 두 번째 항암치료 33   가슴 복원 수술 36   가발을 벗은 첫날 38
나 어쩌지? 40   단 한마디의 긍정적인 말 43   오늘은 실컷 울어라 45
감쪽같았지? 49   세 번째 항암치료 54   케모포트 삽입하던 날 56
난소절제술을 결심하다 59   혹시 결혼은 했어요? 61
11월 6일에 일어난 일 63   수술은 잘 되었다 65   면회 제한 68
쓰러지고 또 쓰러져도 69   암 환자의 삶의 질 71   아무도 울지 말자 75
나는, 엄마니까 78   마치 교통사고처럼 다가왔다 83

남편의 일기 01. 이름의 의미 88
남편의 일기 02. 아내가 처음 암 진단을 받던 날 90

Chapter 2. 나는 위로받지 않을 권리가 있다

내 탓이 아니다 95   너 정말 괜찮은 거지? 101   투병 중 가장 무서운 것 111
위로하려 애쓰지 말길 113   마음을 채우는 배려 117   생존 신고합니다 121
암밍아웃 125   살아야 할 괜찮은 이유를 찾는 것 129
사소하고 사소한 바람 131   암 환자는 꿈도 꾸면 안 되나요? 135
한숨의 무게 138   하마터면 기분 나쁠 뻔했다 143   작은 응원 149
직감 151   어차피 가지 않은 길 155   그렇게 다짐했다 159
나는 힘이 세거든 163   더 이상 미안해하지 않기로 했다 165
낮은 곳에서 떨어지면 167   비 오는 날 171   아무것도 아니다 175
시련은 있어도 실패는 없다 177

남편의 일기 03. 간만에 식구답네 180
남편의 일기 04. 아내의 머리카락이 빠졌다 182

Chapter 3. 나는 그렇게 세상으로 나왔다

나를 잃지 않는 것 187　　내가 물려주고자 하는 것 189　　나에게 집중하기 192

이제 엄마 머리는 모르는 척해줘 195　　쟤는 누구 닮아서 197

이모도 머리 벗을 수 있어? 200　　한 번은 마주해야 할 순간 201

나를 옭아매는 것 204　　괜히 움츠러들게 하는 말 208　　마음을 선물하다 212

개나리와 히이로 216　　너를 보면 마음이 편안해져 219　　아주 슬픈 꿈 220

살다 보니, 이런 날도 온다 223　　말 예쁘게 하자며? 225

말 한마디의 보상 229　　빤히 아는 사실 233　　머리가 짧아진 공주일 뿐 237

정말 내가 변한 걸까? 238　　나는 누구일까요? 242　　손가락을 빠는 이유 243

그렇게 세상으로 나왔다 245　　소소한 행복 251　　기다리는 시간 252

남편의 일기 05. 참 다행이다 256

Chapter 1.

어느 날,
나에게 암이
교통사고처럼 왔다

우연히 알게 된 유방암,
그것은 시작이었다.
단단한 엄마가 되기 위한,
더 깊은 사람이 되기 위한 긴 여정이었다.

처음
암 진단 받던 날

처음 암 진단을 받던 날, 남편과 점심으로 라면을 끓여 먹었다. 빨리 점심 먹은 것을 치우고 병원 갔다가 직장에 복귀해야겠다고 생각하면서 허겁지겁 라면을 먹고 있는데 남편이 말했다.

"오늘 병원 가서 무슨 말을 듣더라도 너무 놀라지 말고.
담담하게."

재수 없게 왜 그런 말을 하냐고 했다. 나는 그때까지만 해도 '검사는 해두었고, 결과는 들으러 오랬으니 가는 거야.' 하고 형식적으로 병원에 들렀다가 얼른 내 일상으로 돌아갈 생각뿐이었다.

'그런 나에게 이상한 말을 하다니.'

당시에는 꼬인 마음에 "아주 저주를 퍼부어라!" 하며 있는 대로 가자미 눈으로 째려보고는 병원으로 향했다.

남편은 내가 가족력이 있다는 점, 혹의 크기가 제법 컸다는 점을 생각하며 남몰래 홀로 며칠 밤을 힘들게 보냈던 것 같다.
실제로 내 가슴에 500원짜리 만한 크기의 혹을 발견하고 병원으로 가보라고 권한 것도 남편이었고, 대수롭지 않게 생각하고 하루 이틀 미루는 나를 재촉한 것도 남편이었다.

지옥 같은 진료실에서의 한 시간을 보내고 어떻게 돌아왔는지도 모르게 집에 도착했을 때, 이미 출근했어야 할 남편은 조금 전 함께 식사했던 그 자리에 그대로 앉아있었다.

현관에 서서 남편을 보자마자 참고 있던 눈물이 터져 펑펑 울었다. 담담하라던 남편은 아무 말도 없이 나를 안아주었다.

서로에게 의지가 되는 사람.
그 한 사람만 있어도 충분할 때가 있다.

내가
암 환자라니

"보호자는 밖에 있습니까? 같이 들어오는 게 좋을 것 같은데……."

2016년 10월 27일. 내가 다니던 산부인과 내에 있는 외과 교수님은 이렇게 말했다.

"안 좋은 건가요?"

아직 사태 파악이 안 된 나는 해맑게 물었다.

"쪼끔."

밖에는 친정엄마와 어린 딸이 기다리고 있었다. 의사는 어두운 표정으로 말을 꺼냈다.

"유방암 2기입니다. 수술하고 항암치료한 뒤 호르몬 치료를……."

정신이 혼미했다. 내 앞에 앉은 이 교수는 도대체 무슨 말을 하는 거지. 의사의 한마디에 나는 하루아침에 암 환자가 되었다. 병원 나이 25세. 나는 3월에 출산을 앞둔 임산부였다. 가족들은 내가 어려운 선택을 하길 바랐다. 하지만 고민도 할 수 없었다. 나는 엄마니까.

세상에는 선택하지 않는 게 최선일 때가 있다.

우리 아가,
엄마가 꼭 지켜줄게

딱 이틀을 원 없이 울었다. 그리고 정신을 차렸다. 나는 엄마니까. 대학병원에서 수술하려면 적어도 두 달은 기다려야 한다고 했다. 이 암덩이를 내 몸에서 하루라도 빨리 떼어내고 싶었다. 급한 마음에 개인병원에 가니 그곳에서 하면 당장 이틀 뒤에 수술할 수 있다고 했다. 이틀 울고 수술대에 누웠다. 아기가 잘못될까 두려워 전신마취는 하지 않고 부분 마취로 수술을 진행하기로 했다. 그래서 수술하는 모든 과정을 괴롭게 지켜봐야 했다.

'쓱싹쓱싹 툭툭.'
'쓱싹쓱싹 툭툭.'

수술실 스텝들은 흐느끼지도 않고 눈물만 뚝뚝 흘리는 나를 달래주었다. 아기만 생각했다.

수술은 잘됐다고 했다.

스물일곱 살에 온 내 인생에 가장 큰 사고,
암에 걸린 일이다.

스물일곱 살

또래의 누군가는 결혼도 안 했을 꽃다운 나이에 나는 한쪽 가슴을 잃었다. 배는 불러오고 한쪽 가슴은 없는 내 모습을 볼 때마다 마치 괴물을 보는 것 같았다.

"나……. 징그럽지? 괴물 같지."
"아니! 이 흉터는 우리 아가를 지켜낸 훈장이야. 너 대단해."

남편의 이 한마디가 내 모든 걱정을 씻어내 주었다. 병원에 가게 된 것도 모두 남편 덕이었다. 나는 평소에 내 몸에 대해 둔했고 관심도 없었다. 남편은 내 오른쪽 가슴 위에 멍울이 만져진다고 했다. 미루고 미루다 들른 외과였다.

'나는 왜 이렇게 내 몸에 대해서 무지했을까?'

나 자신이 한심했다.
내 몸에 무관심했던 것에 대한 경고인 걸까?

아이에게
꼬리표가 될까 봐

2017년 3월 5일. 우리 아가는 아주 건강하게 태어났다. 우리 아기. 내가 끝까지 지켜내고 싶었던 우리 아기. 외과 교수님은 임신으로 인해서 여성호르몬이 과다분비되며 유방암이 왔을지도 모른다는 얘기를 했다. 이 말이 평생 아이에게 꼬리표가 될까 걱정됐다.

하지만
아가야,
너 때문에 엄마가 살았어.
너를 위해 악착같이 이겨낼 거야.

수술과 출산이 끝나버렸다.
두려운 항암치료만이 기다리고 있었다.

나만 이렇게
되었구나

수술은 아무것도 아니었다. 항암치료를 앞두고 두려움이 너무 컸다. 특히 머리가 빠진다는 것에 대한 두려움이 컸다. 그리고 결국 남편에게 물었다.

"나 친정에서 지낼 테니 치료 끝나고 머리카락이 자라면 그때 다시 만날까?"

남편은 생각보다 담담했다. 첫 항암치료 전날, 남편은 새삼 데이트 신청을 했다. 우리는 연애 때처럼 데이트하며 시간을 보냈다. 잘할 수 있을 거라고 다독여주었다.

내가 받게 될 항암 약은 AC유방암 치료에 가장 흔하게 사용되는 adria-mycin(A)과 cyclophosphamide(C)를 복합적으로 사용하는 약제 일명 '빨간약'이라고도 불리는 항암제였다. 말 그대로 약이 빨간색이다. 링거 줄을 타고 빨간 약이 내 몸속으로 들어가고 있는 것을 보고 있었다. 색이 빨

망가진 가로등에도 감정이입이 된다.
'너도 나처럼 됐구나.'

간색이라 조금 무섭긴 했지만, 그냥 링거 맞는 기분이었다.

하지만 후폭풍은 컸다. 집에 돌아오자마자 속이 울렁거렸다. 아무것도 못 먹겠다는 나에게 친정엄마가 토마토주스를 주셨다. 억지로 마셨지만 곧 다 게워내고 말았다. 계속 올라오는 구토 증상. 이게 항암치료구나 생각했다. 4~5일이 지나면 구토나 메슥거리는 느낌은 사라졌다.

날 좋은 봄에 가족들과 소풍을 다녀왔다. 넓은 잔디에 돗자리를 펴고 좋아하는 노래를 들으며 내 아이와 강아지가 함께 뛰노는 모습을 보니 그간 아무 일도 없었던 것 같았다. 그러다 문득 처연해졌다.

'세상은 똑같은데 모두가 그대로인데, 나만 이렇게 되었구나.'

상실감은 컸지만 다시 마음을 다잡아야 한다.

1센티미터가량
남겨놓은 머리카락

항암치료를 시작한 지 10일쯤 지나면 머리카락이 빠지기 시작한다고 했다. 나는 머리카락이 손가락에 우수수 빠지는 모습을 볼 자신이 없었다. 그전에 머리를 깎아야 했다. 이번에도 남편은 담담했다. 머리를 짧게 자른 후 바리깡으로 싹싹 밀었다. 잘생긴 남자 같다고 했다.

정말 항암치료를 시작한 지 10일쯤 지나자 짧게 자른 머리카락이 빠지기 시작했다. 머리카락을 깎는 그 와중에도 민머리만은 참을 수 없어 1센티미터가량 남겨놓았다. 그 짧은 머리카락이 여기저기 움쑥움쑥 빠져 가시처럼 온몸을 찔러댔다. 가렵고 따가워 난 짜증스러움에 신경이 날카로워졌다. 어린 아가들에게도 머리카락이 묻어나는 걸 보자마자 큰 한숨 들이쉬고 나는 진정한 빡빡이가 되었다. 상실감은 컸다. 하지만 다시 마음을 나 잡아야 했다.

'나는 엄마다. 지금은 머리보다 사는 게 우선이다.'

너무 젊어서

그렇게 AC 치료를 네 차례 받았다. 3차 치료 때에는 남편에게 더 이상 못하겠다, 포기하고 싶다고도 했다.

하지만 시간이 지나면 괜찮아진다. 3주에 한 번씩 치료받게 하는 데에는 다 이유가 있었다. 그 기간 내에 모든 부작용이 완화되고 회복된다는 뜻이다.

항암치료를 밀리지 않고 받기 위해서는 잘 먹고 호중구_{우리 몸에 침입한 세균이나 박테리아를 혈액 내에서 파괴해 방어하는 역할을 하는 혈구 세포} 수치를 정상적으로 유지하는 것이 중요하다. 호중구 수치는 치료받은 날로부터 일주일째에 가장 많이 떨어진다. 이때 피검사를 통해 수치를 재고 몸 상태를 파악해야 한다. 백혈구 수치를 올리는 면역 주사도 있다. 이 주사를 맞으면서 난 단 한 번도 밀리지 않고 AC 치료를 마쳤다.

하지만 그게 끝이 아니었다.

두려웠던 AC 항암치료를 끝마치고, 희망차게 진료실로 들어갔다. 이제 항암치료 없이 약만 잘 챙겨 먹으면 된다고 생각했다. '이제 머리도 기를 수 있겠지.' 하는 생각에 유방암 환우 카페에 들어가서 '막항_{마지막 항암치료}'을 검색하고 언제, 얼마나 머리카락이 자라는지 사진과 후기 글들을 찬찬히 읽었다.

하지만 막항의 꿈은 산산조각이 났다. 교수님은 추가 항암치료를 하자고 하셨다. 이유는 내가 너무 젊기 때문이란다. 또 마음이 무너졌다. 하지만 의사의 권유를 거부할 용기는 없었다.

나는 살아야 하니까.

푸른 당근 잎들처럼
내 몸도 서서히 일어서길 바란다.

나의 두 번째
항암치료

나의 두 번째 항암치료로 파크리탁셀 Paclitaxel, 난소암, 유방암, 폐암 또는 위 암의 치료에 단독 혹은 병용해 사용되는 약을 투여받게 되었다. AC와는 달리 파크리탁셀은 일주일에 1회씩 진행되었다. 매주 금요일 당일로 항암치료를 했다. 주사 시간은 세 시간 정도였고, 속이 울렁거릴 테니 얼음이나 사탕을 물고 있으라는 의료진의 조언이 있었지만 내게는 그 맛조차도 역겹게 느껴졌다.

파크리탁셀을 투여받은 후 손톱, 발톱이 까매졌다. 특히 엄지발톱은 까매지고 피가 나더니 결국 톡 빠지고 말았다. 그 외에 다른 부작용은 심하지 않았다. 견딜 수 있는 정도였다. AC에 비하면 아무것도 아니었다.

결국 난 12회의 파크리탁셀 치료를 받았다. AC 4차와 파크리탁셀 12차를 마친 다음 타목시펜 Tamoxifen, 에스트로겐 수용체 양성인 폐경 후 여성의 유방암에서 호르몬치료의 1파 선택제로 사용되어왔으며, 재발을 억제해 생존율 향상에 도움

항암 부작용으로 엄지발톱이 빠졌다.
하지만 견딜 수 있는 정도였다.

을줌을 복용하기로 했다. 예전에는 5년 정도 복용하는 것이 일반적이었지만 요즘은 10년 복용이 일반적이라고 했다.

10년이 아니라 20년이라도 재발만 안 한다면 복용할 수 있을 것 같았다.

가슴 복원 수술

항암치료를 받으면서도 일상생활은 계속 이어나갔다. 베레모와 중절모를 여러 개 사서 번갈아 쓰고 출근했다.

"선생님은 왜 이렇게 모자가 많아요?"
"부업으로 모자 장사하잖아, 몰랐어?"

학생들이 물어보면 유쾌하게 받아쳤다. 이제 겨우 말하기 시작한 첫째와 태어난 지 얼마 안 된 둘째를 보며 아직 엄마가 아픈 줄 모를 때 투병 중이라 다행이라는 생각을 하고 또 했다.

예정되었던 항암이 모두 끝나고 몸이 회복할 시간을 준 후 가슴 성형을 하기로 했다. 교수님이 먼저 아직 젊으니까 복원 수술을 하는 게 좋겠다고 권해주셔서 날아갈 듯이 기뻤다. 목숨이 왔다 갔다 할 판에 가슴 성형 소리를 하는 것이 한심해 보일까 늘 망설여왔던 참이었다.

내 체적에 맞는 용량을 정해 적당한 크기로 수술하자고 했다. 전절제한 오른쪽에 보형물을 넣으면서 크기를 예쁘게 맞추기 위해 왼쪽에도 작은 용량의 보형물을 넣었다.

가슴 아래로 절개해서 보형물을 넣는 방법과 유륜_{유두 주변의 착색된 둥근 피부}을 통해 보형물을 넣는 두 가지 방법을 설명해주셨고, 유륜을 통한 수술을 하기로 결정했다. 보형물의 유효한 기간은 10년 정도라고 했다. 샤워를 마치고 푹 꺼진 가슴이 드러날 때마다 혹여나 남편이 보게 될까 봐, 그리고 나보다 더 실망할까 봐 수건으로 돌돌 감싸 가리곤 하던 짓을 그만해도 되는구나. 드디어 다시 온전한 가슴을 가질 수 있다니. 마음이 편안했다.

가발을
벗은 첫날

가슴 복원 수술. 보형물을 넣어서 가슴을 복원하는 수술은 상상 그 이상으로 고통스러웠다. 수술 후 2박 3일을 옆으로 돌아눕지도 못하고 꼼짝없이 천장만 바라보고 있어야 하는 것은 상상을 초월할 만큼 괴로웠다. 수술 부위도 아프지만 이러다 욕창이 생기는 건 아닌가 할 정도로 등이 너무 아팠다. 그 통증으로 이틀 밤을 꼬박 눈뜨고 지내야 하는 것도 참 고통스러웠다.

미용을 목적으로 가슴 수술하는 여자들 '정말 독하다!'라는 생각이 머릿속을 맴돌았다. 고통스러운 시간이 지나자, 영화〈미녀는 괴로워〉에서 모든 수술이 끝난 뒤 마침내 붕대를 푸는 장면처럼 결과는 완벽하게 만족스러웠다. 유륜의 안쪽 선을 따라 절개해서 가까이에서 관찰하지 않으면 수술한 것을 전혀 알 수 없을 것 같았다.

가슴 성형을 무사히 끝마친 후에는 타목시펜을 복용하며 종양

표지자tumor markers, TMs, 종양세포에서 생성되어 분비되거나 종양 조직에 대한 반응으로 주위의 정상 조직에서 생성되는 물질 수치인 CA 15-3 수치를 정기적으로 검사했다. 막항 후 6개월. 처음으로 미용실에 갔다. 머리를 다듬고, 염색도 하고, 수십만 원 정기권도 통 크게 질렀다. 항암 이후 처음으로 가발을 벗고, 모자를 벗고 마음먹고 제대로 차려입은 모습으로 거래처에도 가고, 직장에서도 어색하지만 당당한 모습으로 일하고 있던 그날. 가발을 벗은 첫날, 거짓말 같은 문자 한 통을 받았다.

'피검사 결과 수치가 올라갔으니 방문 바랍니다._〇〇〇〇병원'

거짓말.
거짓말이길, 꿈이길.

뭔가 잘못되었길…….

나 어쩌지?

또 눈앞이 캄캄했다.

CA 15-3 수치가 올라갔다는 문자를 받고 일을 얼른 마무리하고는 덜덜 떨리는 손으로 운전대를 잡고 병원으로 향했다. CA 15-3 수치는 정상 범주보다 낮다고 해서 건강하다고 볼 수도 없고, 또 수치가 높다고 무조건 전이나 재발했다고 볼 수 없다라는 설명은 들은 바 있지만 이미 나는 통제하기 힘든 공포감에 패닉 상태였다.

개인병원에서는 초음파, 피검사 밖에는 할 수 있는 것이 없어서 바로 대학병원에 검사를 접수했다. 전이에는 뼈 전이 케이스가 많다는 이유로 뼈스캔 뼈의 염증, 손상을 확인하거나 뼈에 암이 전이되었는지를 확인하기 위해 시행하는 검사, 그리고 PET Positron Emission Tomography, 양전자 방출 단층촬영 CT 검사를 하기로 했다. PET CT를 위한 주사를 맞고 대기실에서 기다려야 했다. 대기실 침대에 누워서 겁에 질린 채 남편에게 물었다.

"오빠 나 어쩌지?"
"어쩌긴. 마음을 잘 다스리고 준비해야지."

'나 어찌지 하는 순간.'은 누구에게나 온다.
물론 나에게도 왔다.

단 한마디의
긍정적인 말

남편의 마지막 한 마디가 생생하게 들리는 듯했다.
속상하고, 서운했다.

'이 사람은 나만큼 필사적이지는 않구나. 지금 내 심정을 완전히 공감하지 못하고 있구나. 슬퍼하고 힘들어했겠지만 결국 내 입장이 될 수 없구나.'

휴대전화를 손에서 놓을 수 없었다. 단 한마디라도 긍정적인 글을 찾고 싶었다. '전이됐지만 수년째 건강하게 잘 지내고 있다.'라는 글이 나올 때까지 인터넷을 구석구석 뒤지다가 희망적인 기사 하나를 찾으면 여기저기 공유하고 위로받고 그제야 손에서 휴대전화를 놓는 일을 반복하고 있었다.

희망은 저절로 오는 게 아니라 찾는 것이다.
무엇이든 나에게는 희망이 된다.
심지어 선인장에 핀 꽃도.

오늘은
실컷 울어라

뼈스캔 결과 척추 2번 쪽으로 꺼뭇꺼뭇한 게 보이고 골반 쪽에도 하나 보인다고 했다. PET CT 결과 간에도 전이가 된 것 같다는 소견을 받았다. 앞으로 어떻게 해야 할까? 대책이 떠오르지 않았다.

그냥 눈앞이 깜깜했고 머리가 하얘졌다.
바로 친정집으로 향하는 길. 마치 죄인이 된 것 같은 생각이 들었다.

엄마 얼굴 어떻게 보지…….
아빠한테는 뭐라고 하지…….

불효자는 울 자격도 없다며 눈물을 꾹 참는 나를 끌어안으며 친정엄마는 "울어라, 오늘은 실컷 울어라!"며 내 등을 힘껏 치며 함께 울어주었다. 그렇게 집으로 돌아와 주저앉아 한바탕 울고

종종 눈물이 주는 위안이 있다.

나니 그제야 가족들 생각이 났다. 내 삶의 원동력 가족. 지금 같이 울어주는 이 가족들. 그리고 내 목숨을 걸고 지켜낸, 그리고 지켜낼 아이들.

수십 번 생각했다.

살아야 한다. 치료받고 건강하게 살아서 우리 아이 초등학교 들어가면 극성맞은 학부모도 되어보고, 고3 수험생이 되면 애 눈치 보면서 뒷바라지도 해주고, 열심히 저축한 통장을 대학 들어갈 때 터억, 내주고 싶다. 결혼할 때 예물 예단 혼수로 사돈이랑 기 싸움도 해보고, 그릇이나 이불같은 혼수용품도 같이 고르고, 혼주 자리에 앉아 눈물 흘리고. 출산하면 미역국 끓여주고, 백일 삼신상도 차려주고 그러고 싶다.

30년만, 아니 그게 욕심이라면 20년만 더 우리 애들 옆에 있게 해달라고 매일 매일 가슴으로 빌었다.

매일 간절하게 빌었다.
사랑하는 사람들 곁에 조금만 더 있게 해달라고.

감쪽같았지?

하루 벌어 하루 먹고살기 바쁜 70대 노인의 집에 열두 살 소녀가 갓난아기를 업고 나타난다. 오래전 집 나간 딸의 아이란다. 아이는 엄마의 유골함을 안고 노인을 찾아왔다. 노인은 아이가 엄마로부터 학대받고 자랐음을 직감한다. 어느 날, 아이는 새로운 동거인인 할머니에게 '감쪽같았지' 게임을 하자고 제안한다. 자신이 이제까지 감쪽같이 잘 속인 것을 이야기했을 때 상대방이 몰랐다면 이기는 게임이다.

한참을 재미있게 게임을 이어가던 아이는 흥분한 나머지 '내가 친손녀가 아님을 감쪽같이 속였음'을 고백한다. 노인의 딸은 아이의 계모였던 것이다. 노인은 말한다.

"니가 졌다. 난 다 알고 있었다. 니가 내 친손녀 아닌 거 다 알고 있었다."

평범하고 일상적인 풍경에도
저마다의 속사정이 있다.

노인은 아이에게 용서를 빈다. 내가 너를 거둬들일 테니 내 딸이 한 일을 용서해달라고 절절히 빈다.

영화 〈감쪽같은 그녀〉의 내용이다. 이 영화에는 모성애를 자극하는 여러 장면들이 나오는데 나에게는 이 장면이 베스트였다. 아마도 노인은 보지는 못 했지만 딸의 마지막 가는 길이 평안하길, 죄가 있다면 자신이 대신 속죄해서라도 그 짐을 덜어줄 수 있길 바라지 않았을까?

나도 감쪽같이 속여온 게 있었을까?

처음 진단받고 AC로 항암 받을 때, 딱 세 번째 사이클이었다. 너무 힘들어서 친정엄마네 안방 침대에 꼼짝하지 않고 누워 지냈다. 남편은 퇴근길에 꼭 들러 나를 들여다보고 가곤 했다.

아무리 척박한 상황에서도 풀은 자란다.

"오빠 나 그냥 치료 그만 받고 싶어. 너무 힘들어. 그냥 치료 안 받고 싶다."

울면서 빌었다. 모두 그만하고 싶다고. 사실 감쪽같이 연기했다. 사실 그때 나는 누구보다 살고 싶었다. 누워서 창밖을 보는데 나무에서 꽃잎이 떨어지고 파란 새싹이 올라오던 그런 계절이었다.

나도 파릇파릇 올라오는 새싹처럼 다시, 새로 태어난 듯 잘 살 수 있으면 좋겠다고 생각했다.

세 번째
항암치료

대학병원으로 전원하기로 했다.

뼈는 전이되었다고 확신할 수 없다. 뼈 부분이 노화되어 검게 보일 수 있기 때문에 애매하다. 간은 전이가 맞고, 유방암이 원발암 처음 생겨난 암이기 때문에 간 수술하는 것이 아니라 항암치료로 해야 한다고 했다.

그렇게 세 번째 항암치료를 시작했다.

졸라덱스 Zoladex®, 주로 유방암, 호르몬에 반응하는 전립선암, 자궁내막암, 자궁근종 치료에 사용 한 달에 한 번 맞기로 했다. 친척들은 왜 진즉에 대학병원에 가지 않았냐, 서울 가서 치료해라 등 부모님을 볶아대었던 모양이었다.

하지만 나는 암이 생활과 가족들을 삼키지 않을 최선의 결정을 하기로 했다. 인맥을 동원해 서울에 계신 교수님께 슬라이드와 자료를 모두 보내드리고, 내가 있는 병원에서 해준 처방을 알려주었다. 대학병원 교수님은 그곳에서 치료하더라도 같은 처방을 내렸겠다는 얘기를 하셨다. 나는 서울 대신 내 자리에 남아 치료하기로 했다. 이제 교수님이 시키는 대로만 하자고 마음먹었다.

케모포트
삽입하던 날

168㎝, 48㎏.

너무 말랐다고 "어디서 굶다 왔나?"라고 하시며 식욕촉진제를 처방해주었다. 또, 항암으로 인한 부작용인 진통, 구토, 울렁거림 등을 대비해 산쿠소패치 화학요법제로 환자의 구토 및 메스꺼움을 방지하기 위해 만들어진 패치를 포함한 수많은 약을 처방받았다. 약으로 막을 수 있는데, 괜히 고통스럽게 치료받을 필요 없다고 하셨다.

케모포트 주기적으로 항암치료를 받아야 하는 암 환자의 피부 속에 삽입하는 기구를 삽입하던 날, 아무것도 아닌 수술이지만 또 수술대에 올랐다는 사실이 나를 울게 했다. 대기실 침대에 누운 채로 소리 없이 눈물만 흘리고 있는데 교수님이 나에게 말했다.
"민지 씨가 잘 살았는지, 부모님이 잘 살았는지. 큰 성형외과 원장인 대학 동료도, 병원 동기도 어떻게 인연이 있는지 민지 씨 잘 부탁한다는 전화를 네 통이나 받았어요."

꽤 어른스럽게 잘 살아왔다고 생각했는데 여전히 배울 게 많다. 나도 내 딸들을 위해서라도 잘 살아야겠구나. 눈앞에 보이는 것에만 매달리지 말고, 보이지 않는 그 무언가를 위해 살아야겠구나. 친절하고 섬세한 진료로 다시 한 번 해보자! 따라 가보자! 마음을 먹었다.

인생은 항상 배움의 연속이다.
나이가 많든, 적든.

난소절제술을
결심하다

교수님의 처방대로 구토나 울렁거림은 전혀 느끼지 않았고 식욕촉진제로 인해 식사는 더 잘하게 되었다. 이렇게 하면 버틸 수 있겠다! 부작용이라면 항암으로 인해 발톱이 빠졌고 탈모는 말할 것도 없고 도세탁셀로 인해 온몸이 팅팅 부었다. 식사도 잘하고 붓기도 있고 덕분에 몸무게가 10kg가량 늘었다. 오랜만에 본 사람들은 다른 사람인 줄 알기도 하고 누군가는 "선생님! 선생님도 드디어 하셨네요! 요새 보톡스 맞는 건 흠도 아니에요!"라고 해 당황하기도 했다.

이번에는 두 번째 치료인 만큼 유방암에 대해 열심히 공부했다. 임신성 유방암인 만큼 여성호르몬에 더 예민해질 수밖에 없었다. 난소에서 여성호르몬이 98%나 만들어진다는 사실을 알고 교수님께 먼저 '난소절제술'을 하는 것에 대해서 어떻게 생각하시냐고 물었다.

교수님은 "난소절제술 반대할 이유가 없어요."라고 하신 뒤 기다렸다는 듯 벌떡 일어서서 바로 옆 산부인과로 나를 이끌었다. 덕분에 바로 산부인과 진료를 보게 되었다.

혹시
결혼은 했어요?

'병원 나이 26.'
산부인과 교수는 차트에서 내 나이를 보더니 대뜸 물었다.

"혹시 결혼은 했어요?"
"딸이 둘이에요."
"일찍 잘 낳았네! 수술 진행합시다!"

난소절제술은 수술 자체는 별로 힘들지 않지만 환자가 수술 이후에 견뎌내야 할 갱년기 증상이 힘들 수 있다는 설명을 들었다. 난소절제술을 위해 입원한 산부인과 병동에는 난소암으로 입원한 환우들이 많았다.

오랜 난임으로 고생하나 검신에서 암을 발견한 분, 유방암으로 수년 전 투병하시고 난소암으로 또 투병하시는 분. 어느 하나 사연 없는 사람이 없었다. 그럼에도 어딜 가나 어려 보이는 나는 위로의 대상이 되었다.

예쁜 딸 둘을 낳아 얼마나 다행인지.
그들은 내 삶의 이유다.

11월 6일에
일어난 일

11월 6일 내 생일. 하필 그날 수술 날짜가 잡혔다.

'난소, 생명을 만드는 소중한 내 몸의 일부. 나도, 우리 두 딸도 모두 그로 인해 존재할 수 있었는데, 내가 태어난 날 이를 제거하려고 누워 있구나. 인생은 아이러니하다.'

몰아치는 생각에 수술 직전 눈물을 흘리고 있으니 평소 유쾌하신 산부인과 교수님이 "별 수술도 아닌데 왜 울어?" 하신다.

"교수님 오늘 제 생일이에요, 엄마가 밖에서 기다리고 있고요."
"하이고, 날을 잡아도 참……."

교수님도 말을 잇지 못하신다. 그 말을 하고 나니 눈물이 더 홍수처럼 흐르기 시작했다.

하필 내 생일이었다.

수술은
잘 되었다

수술이 끝난 후 보호자 대기실 모니터의 병원 나이는 27로 바뀌어 있었다. 금방 퇴원했고 그날부터 정말 힘든 이틀을 보냈다. 한기가 도는데 땀은 나고, 이불을 덮을 수도 안 덮을 수도 없었다. 속은 갑갑해 밥도 제대로 먹지 못하고 잠도 자지 못한 채 이틀 밤을 새웠다. 결국 다시 산부인과를 찾았다.

"그러니까 수술 후가 더 힘들다고 했잖아! 적응할 때까지 조금 더 견뎌봐요. 너무 힘들면 유방암에는 전혀 영향을 미치지 않는 호르몬제를 처방해줄게요."

담당 교수님은 이런 답변을 하셨다. 아무리 힘들어도 호르몬이 나오는 것을 방지하기 위해서 수술까지 감행했는데, 호르몬제를 먹는 것은 아니라고 판단했다. 유방 외과 교수님도 같은 생각으로 증상을 없애주는 약들을 하나하나 처방해주셨다. 그렇게 조금씩 적응해나갔다. 난소절제술을 한 환우들을 많이 진료

도돌이표 같은 '시작'이다.
한 걸음부터 차근차근.

해본 교수님은 젊어서 몸이 빠르게 적응한 것 같다며 놀라워하셨다.

항암 효과는 좋았다. 3차까지 진행한 후 뼈스캔과 복부, 흉부 CT 촬영을 했고, 간에 퍼져 있던 암세포들이 많이 줄어든 것을 확인했다. 또 6차까지 한 후 검사, 9차까지 한 후 검사 세 번의 치료를 한 세트로 검사를 시행했다. 9차까지 한 후 교수님은 CT에서는 거의 보이지 않는다고 조금 흐릿하게 보이는 부분이 있는데 흔적 정도 보인다는 소견을 주셨다.

더 확실하게 하기 위해 PET CT를 찍기로 했다. PET CT 결과, 새롭게 생긴 암세포는 없으며, 기존에 있던 암세포들이 거의 사라졌다. 하지만 두 군데 의심스러운 부분이 있어 세 번의 항암 치료를 추가하기로 했다.

면회 제한

어느 날, 일하다 감기몸살처럼 컨디션이 너무 안 좋았고 집에 돌아오니 열이 났다. 바로 응급실로 들어갔고 백혈구 수치는 바닥이었다. 응급실에서 하루를 보내고 병동으로 올라가서 '면회 제한' 딱지가 붙은 1인실에서 일주일을 보냈다.

도세탁셀 Taxotere®, 식물성 알칼로이드 항암제로 암세포가 세포 분열을 멈추게 하는 작용을 함.이라는 약은 몸에 있는 물을 머금고 있으려는 성질이 있어서 몸무게도 늘고 얼굴이며 온몸이 다 붓는다. 제일 심했을 때는 종아리와 발목이 코끼리 다리처럼 부었고 손으로 꾸욱 누르면 피부가 바로 회복되지 않고 쑥 들어간 채로 올라오지 않았다. 이런 부종이 있을 때는 통증도 함께 왔다.

쓰러지고
또 쓰러져도

부종으로 인한 통증으로 다리가 너무 아파 잠도 잘 이루지 못한 날, 마침 첫째가 감기로 열이 나서 열을 재어가며 응급실도 갔다 오고 밤을 꼬박 샜다. 날이 밝고 다리가 너무 아파 예약 없이 남편과 진료를 기다리고 있었는데, 그 이후로는 기억이 없다.

남편 옆에서 열심히 휴대전화를 만지다가 갑자기 까무러쳤다고 한다.

또 거래처에 일을 보러 갔다가 쓰러진 적도 있다. 함께 있던 동생이 심폐소생술을 하자 숨을 한 번 크게 뱉더니 의식을 되찾았다고 한다. 의식을 잃은 2~3분이 가족들에게는 지옥 같은 20~30년이었을 터. 의식을 잃고는 MRI, 뇌파검사까지 모두 받았는데 다행히 아무 이상이 없었다.

빛을 보기 위해서는 올라가야 한다.

암 환자의
삶의 질

12차까지 항암치료를 끝마치고 또 CT 촬영과 뼈스캔 검사를 했다.

"정말 많이 좋아졌는데~ 깨끗하네요."

지난번 검사에서 흔적으로 보였던 자국까지 깨끗이 없어졌다고 했다. PET CT를 찍은 결과 아무 이상이 없으면 이제 항암을 중단해도 되겠다 했다.

정말 감사했다. 모든 것에 감사했다.

그래도 불안했다. 할 때 항암치료를 더 받아서 조금의 걱정도 남기고 싶지 않았다.

"저, 아직까지 쓰러지는 것만 빼면 체력 괜찮은 것 같아요. 세 번 더 치료했으면 좋겠어요."

굳은 의지로 전담간호사 선생님에게 말하자, "쓰러지는 게 힘들다는 증거예요." 하며 어이없어 했다.

물론 병원에서는 항암치료를 지속하는 것에 반대하지는 않는다. 오히려 체력이 되는 한 항암치료를 많이 받으면 좋다고 했다. 하지만 환자의 삶의 질도 고려해야 하기 때문에 항암치료 중단을 제안한 것이라고 했다.

암세포가 너무 작을 때는 사진에 잡히지 않는다는 것. 지금의 항암치료 효과가 감사하게도 아주 좋다는 것 등 최선의 결정을 위해 다양한 가능성을 열어놓고 보아야 했다. 예전의 내가 항암을 두어 달쯤 더 하자는 얘기를 듣는다면 머리도 못 기르고, 병원을 매주 다니며 입퇴원을 반복해야 한다는 사실에 좌절하고 멘탈이 무너졌겠지만 이제 한두 달 더 항암치료를 하는 게 대수가 아니었다. 오히려 체력만 된다면 한두 달이 아니라 일 년이라도 더 해서 내 몸에 있는 그것들을 완전 박멸하고 다시는 이런 시련을 겪지 않을 수 있길 바랐다.

항암 15차를 마무리하며 다짐했다.

"새 학기 맞이한 우리 공주들, 손잡고 엄마가 데려다줄게."
"엄마가 옆에 있을게."
"엄마가 데리러 갈게."
"엄마가 기다릴게."
"엄마랑 뭐든 같이하자."

아이들에게 이렇게 말할 수 있게 될 거라고.

쇼윈도 안에 있는 안락함을 창밖에서 바라보는 것 같은
암 환자의 일상.

아무도
울지 말자

마침내 기나긴 항암이 끝났다고 생각했다. 막항 후 6개월이 지난 어느 날.

피검사 결과 CA 15-3 : 72.40

5주 전 시행했던 피검사 수치는 정상 범주 안에 들었지만 그 이전에 비해 수치가 올라 있었고, 불안한 마음에 정기 검사예정일을 당겨 다시 피검사 일정을 잡았다. 이번에도 여전히 검사 결과를 듣기 며칠 전부터 괜한 속 쓰림과 우울 불안 증세로 힘겨운 나날을 보내야 했다.

전 주말, 가족여행을 다녀올 때부터 신경이 곤두서 있었지만 가족들이 하루라도 편하게 보냈으면 하는 마음에 혼자 속앓이를 했다. 외래 전날 저녁 가족들에게 메시지를 보냈다.

다시 힘든 상황이 와도 울지 않기로 했다.
그게 '나'를 위한 배려인 걸 아니까.

'처음 진단을 받았을 때부터 나는 긴 치료의 여정을 평생 걸어야 한다고 마음먹었다. 이번에 결과가 안 좋더라도 아무도 울지 말자. 다시 몸이 조금 안 좋아졌으니 치료를 조금 더 받아야 한다고 생각하자.'

애써 담담하게 써 내려간 메시지에도 마음이 아팠는지 두 동생이 본인들의 일정을 미뤄두고 병원에 동행해주었다.

나는,
엄마니까

이전과 마찬가지로 피검사 후 외래진료 시간이 다가오자 숨이 막히고 구토가 나올 것만 같고 졸도할 것처럼 어지러웠다. 한자리에 앉아있는 것이 힘이 들어 병원 이곳저곳을 돌아다녔다.

'아, 빨리 벗어나고 싶다'고 생각했던 이 병원 냄새.

그 속에서 다시 안정을 찾아야만 할 것 같은 불안함, 불편한 느낌. 진료실에 앉아 내 이름의 차트를 띄우고, 교수님을 기다리는 동안 정상 수치보다 약 50이나 높은 수치를 보고 말았다. 빨갛게 마킹된 내 수치를 보자마자 긴장되었던 근육들이 오히려 다 풀리고 말았다.

'어떻게 하지……. 어떻게 하지…….'

하지만 절망감과 두려움이 곧 오히려 차분해지면서 다시 마음을 다잡게 되었다.

'또 시작해야 하는구나.'

교수님은 들어오자마자 수치를 보시고 한숨을 쉬셨다.

"아이고, 이게 왜 이렇게 됐냐."

안쓰러운 눈빛으로 나를 쓰다듬어주셨지만 난 속으로 원망이 슬며시 올라왔다.

'거봐요. 내가 치료 더 한다고 그랬잖아요. 교수님이 이제 괜찮겠지!라고 하셨잖아요!'

6개월 전, 15번의 항암치료로 힘들 나를 생각해서 검사 결과가

난 잘할 수 있다.

좋으니 이제 치료를 중단하자는 교수님과 아직 버틸 수 있으니 조금 더 해보자는 나의 미묘한 밀당이 있었다. 결국 교수님의 의견에 따르기로 했는데…….

그러니 이 결과에 대한 원망 섞인 마음이 들고 말았던 것이다. 그것도 잠시, 내 상태에 대해 객관적으로 생각하기 시작했다.

'나 지금까지 몇 번이고 스스로 그랬잖아. 아무도 내 인생 책임 져주지 않는다고. 의료진 의견을 존중하되 결코 다 믿어서는 안 된다고 모든 것은 내 선택의 결과일 뿐이라고. 그렇지만 그건 나의 잘못도 누구의 잘못도 아닌 거 잘 알고 있잖아.'

그래 맞다. 나도 어쩔 수 없었고 그 누구도 어쩔 수 없었다. 나는 6개월간 아무 걱정 없이 잘 쉬었다. 지금까지 6개월간 휴식기였고, 다시 시작하면 된다. 진료실을 벗어나고 현실을 받아들이기로 하자 조금 전 숨 막히던 병원 로비가 오히려 편안하게 느껴졌다. '자, 또 여기가 내 집이다.' 생각하고 뻔질나게 드나들어 보자. 그렇게 나의 투병은 다시 시작되었다. 그 이후로 입랜스Ibrance®, 할라벤Halaven, 린파자Lynparza®, 아브락산Abraxane® 그리고 다시 도세탁셀까지. 나는 비완치, 속된 말로 존버 존나게 버티기 중인 6년차 암 경험자다.

글을 쓰며 뒤돌아보니 새삼 스스로가 대견하다.
이 많은 치료를 견디며 용케 지금껏 살아있나 싶을 정도다.

이번에도 나는 어김없이 잘할 수 있다.
나는, 엄마니까!

마치 교통사고처럼
다가왔다

운전을 시작하게 된 것은 첫째 아이를 낳고 일을 다시 시작했을 무렵이었다. 한참 장롱 안에 들어있던 면허를 다시 꺼내 쓴다는 것은 면허시험을 위해 운전대를 잡았을 때의 공포보다 더 컸다. 집에서 차로 5분 거리의 큰집에서 제사를 지내고 막걸리 한 잔 걸친 남편 대신 처음으로 운전대를 잡았던 날을 잊지 못한다.

심호흡 한 번 가다듬고 비장한 얼굴로 핸들을 꺾어 차 옆구리를 기둥에 다 긁어버린 순간 경악하며 쳐다보던 가족들의 얼굴이 아직도 기억 끝에 선명하다.

그 이후로는 운전 실력이 나날이 늘어서 드디어 남편도 입 한 번 떼지 않고 안심하고 조수석에서 쿨쿨 자는 날이 많아졌다. "나, 무사고야."를 자랑스럽게 외칠 만큼 자신감도 커졌다. '무사고' 딱지가 오염된 건 1초의 방심 때문이었다. 늦은 퇴근을 하고 돌아온 저녁 지하주차장에서 고요함을 만끽하며 '한 번에 주차

누구나 사고는 당할 수 있다.
그게 나였을 때 '하필'이라는 배신감이 들 뿐.

해버리게쓰.' 하는 마음으로 크게 핸들을 꺾고 브레이크를 허술하게 밟는 순간 앞에 주차되어 있던 차의 범퍼를 콩 하고 박고 말았다.

너무 놀란 나머지 순간 숨도 쉬기가 힘들었는데 내려서 확인해 보니 아뿔사, 바로 옆집 차였다. 쪽지와 선물로 거듭 사과를 드리며 나의 '무사고' 자신감은 그날로 훨훨 날아가 버리고 말았다.

밤늦게 퇴근하던 또 다른 날이었다. 너무 늦은 시간이라 거의 차가 없었다. 그때 앞에서 차선을 이리저리 위험하게 바꿔가며 달리는 택시 한 대가 보였다.

편도 4차선 차로에서 나는 2차선을 달리고 있었다. 나도 모르게 속도를 늦추고 주시했다. 그 순간, 택시가 4차선에서 2차선으로 돌진했다. 브레이크를 잡고 클랙슨을 울렸다. 택시는 쌩하

손님을 위해 가지런히 놓은 포크와 나이프처럼
암이 예고하고 찾아왔다면 괜찮았을까?
오히려 사고처럼 와줘서 다행인 건 아닐까 하는 생각이 들 때가 있다.

고 지나가 버렸지만 놀란 마음은 진정되질 않았다.

내가 택시를 미리 보지 못하고 기존 속도로 앞만 보고 달렸다면 어땠을까? 아찔했다.

나는 종종 '암은 나에게 마치 교통사고처럼 다가왔다.'라고 말한다. 방심한 대가를 톡톡히 치르기도 하고, 주시했음에도 아찔하게 다가오기도 한다.

방심했던 지난날에 대한 후회가 남지 않도록 노력하자.
그래도 다가온 불운에 대해서는 지나치게 자책하지 말자.
큰 사고를 막을 수 있었음에 감사하자.

남편의 일기 01.
이름의 의미

어릴 적 내 이름의 의미가 궁금했다. 아이들은 저마다 제 폼보다 거창해 보이는 한자 뜻을 읊어댔다. '내 이름은 왜 이렇게 평범할까?' 이리저리 붙여보아도 큰 뜻을 찾아내기 힘들었다. 호랑이는 죽어서 가죽을 남기고 사람은 죽어서 이름을 남긴다고 했던가? 남자의 로망이다.

연애 시절 그녀와 어느 영웅에 대한 기사를 보고 대화를 나눈 적 있다.
"내가 다른 사람을 위해 이름만 남기고 죽게 되면 어떨 것 같아?"
"안 되지."

딱 잘라 '안 된다'는 그녀에게 오기가 생겨 이런 영웅들이 있었기에 우리와 자식 세대가 마음 편히 살 수 있다며 열심히 설득해댔다. 최근, 또다시 이와 같은 질문을 했다. 아내는 불쑥 불같이 화를 냈다.

"그게 지금 말이 된다고 생각해! 나도 지금 몸이 안 좋은데! 세상에 이름 남기는 게 뭐가 중하냐! 우리 애들은 누가 어떻게 키우는데! 자기 하나 바라보고 살고 있는 우리 식구들은?"

쿠웅! 머리를 한 대 맞은 듯했다. 이제야 알았다. 내 이름에도 큰 의미가 있다는 걸. 나로 인해 큰 의미가 생긴다는 걸. 아내에게만은 큰 별이고 싶다.

남편의 일기 02.
아내가 처음 암 진단을 받던 날

내 아내의 가슴에서 멍울이 만져졌다. 아내는 5개월 아가를 품고 있는 임산부였다. 나는 병원에 가보는 편이 좋겠다고 했다. 그렇게 쉬운 일은 아니었다.
"산부인과 가면서 옆에 외과에 그냥 한번 들러보지 그래?"
나는 그렇게 말을 흘렸다. 내 말 한 마디에 아내가 걱정으로 새울 수많은 밤을 이미 알고 있었다.
'아무것도 아니겠지. 아무것도 아닐 거야.'
검사 결과를 듣던 날. 어렵지만 내가 꼭 해야 할 말이 있었다.
"오늘 병원 가서 무슨 말을 듣더라도 너무 놀라지 말고. 담담하게. 알겠지?"

아내는 저주하냐며 가자미눈을 뜨며 나를 흘겨봤지만 듣고 싶지 않은 믿고 싶지 않은 결과를 들었을 때 좌절할 그녀를 위해 나는 담담해야 했고, 그녀에게 뱉은 각오의 말은 그녀를 위한 것이 아니라 어쩌면 나를 위한 것이었을지 모른다.

병원으로 향한 아내를 기다리는 나의 머릿속도 마치 전쟁터 같았다. 우리가 상상치 못했던 상황과 마주하게 되면 나는 어떤 말을, 어떤 표정을 그녀에게 전해야 할까.

그녀를 위로할 최고의 방법을 나는 찾을 수 있을까?

아내는 지옥 같은 시간을 병원에서 보내고, 홀로 헤매다 어제와 오늘 아침과 한 치도 변치 않은 조용한 집 안으로 홀로 걸어 들어왔다. 전쟁터 같던 내 머릿속은 그저 까맣게 주저앉았다. 나는 아무 말 없이 안아줄 수밖에, 그럴 수밖에 없었다.

Chapter 2.

나는
위로받지 않을
권리가 있다

암 환자라서,
내가 너무 젊기 때문에?
난 내 삶을 주체적으로
누구보다 치열하고 당당하게 살고 있다.

내 탓이 아니다

내가 암이라니······.
자신이 암이라는 진단을 받고 나면 누구라도 눈앞이 캄캄해질 것이다. 암이라는 얘기를 듣고 '암이 그렇게 많다더니 나도 걸리고 말았구나.' 하고 초연한 사람은 드물 것이다. 대부분 억울한 심정이 들지 않았을까 짐작해본다.

나는 둘째 임신 중이던 20대에 암 진단을 받았을 때, '나는 지독하게 열심히 살았는데 왜 내가 암이야?'라는 생각이 가장 먼저 들었다. 정말로 억울했다. 진단받고 난 후 복잡한 심경으로 스마트만을 붙잡고 계속 검색만 해댔다. 그러던 중 '암세포는 빨리 자라는 세포다.'라는 청천벽력 같은 사실을 알게 되었다.

'당장 나는 준비된 것이 하나도 없는데.'

지금 내 몸에 암세포가 있다는 것만 해도 괴로워 죽겠는데 그

나쁜 세포가 다른 세포보다 빨리 자란다고 하니 급한 마음에 이것저것 얼른 결정을 내려야 할 것만 같다.

나는 임신 중이었으며 내 아이와 암세포가 한 몸뚱어리에 있다는 게 견딜 수 없었고, 인근 대학병원에서는 진료 날을 잡는 데에만 두 달여가 걸린다고 했다. 또 한편으로는 젊은 나이에 대학병원 6인실에 쪼로미 앉아 "어이구! 쯧쯧쯧……" 같은 소리를 들을 자신이 없었다. 지금 생각해보니 그때만 해도 참 여유가 있었다. 그런 것까지 신경 썼다니.

어찌되었든 나는 진단을 받은 이튿날 부분 마취로 개인여성병원에서 전절제 수술을 했다.
맨정신에 수술이 진행되는 과정을 귀로 들으며 누워 있어야 하는 그 시간은 공포 그 자체였지만 덕분에 우리 아가는 건강하게 배 속에서 무럭무럭 자랐고 아홉 달을 예쁘게 품어 무사히 출산

했다. 지금은 여덟 살 언니와 쌍둥이 소리를 들을 정도로 튼튼한 여섯 살 어린이가 되었다.

그때 나름대로 아주 빠르고 용감하게 결정을 내리고 수술까지 받은 것에 대해서는 지금도 후회하지 않는다. 나는 내 결정에 후회가 없지만 만일 누군가 병원 선택에 대해 묻는다면 다른 것은 몰라도 '협진'이 가능한 병원을 선택하라고 권하고 싶다.

경험상 유방암이라면 산부인과와는 꼭 협진이 가능한 곳이어야 한다고 생각한다. 난소절제술 같은 예방적 수술이 실제로도 많이 행해지고 있기 때문이다. 병원까지 선택했다면 아마도 다음 진료일까지, 수술일까지, 치료 시작일까지 마음이 매우 불안정할 것이다. 오히려 치료를 시작하고 나면 더 마음이 편안할지도 모른다. 하지만 계속 불안해하고 걱정하고 고민해봤자 달라지는 것은 없다.

당장 다음 2주 안에 한 달 안에 무슨 일이 크게 일어나지 않을 것이다. '점점 좋은 신약들이 많이 나오고 있고, 이미 나와 있는 약들도 종류가 많다. 그중에서 나는 나와 맞는 약을 고를 것이고, 힘든 부작용들과 싸우며 버틸 것이다!'라고 믿어보는 것 이외에는 내가 할 수 있는 일은 없다. 세상이 무너진 것이 아니다.

결국 암도 면역력이 약해진 사이 나쁜 세포가 내 몸에 나타난 것 뿐이다. 이 나쁜 놈들을 몰아낼 독한 약들을 잠시 썼다가 이제 내 몸에 없다고 판단되면 다시 면역력을 회복해서 평생 관리하며 살면 되는 거다. 내가 할 수 있는 건 몸이 그 독한 약들로부터 버틸 수 있도록 마음까지 챙겨 끊임없이 서포트해주는 것이다. 가장 위험한 것은 이 사태에 대한 원망의 화살을 나 자신에게 던지는 것이다. 암에 걸리고 나면 후회가 섞인 원망이 솟게 되어 있다.

하지만 나름대로 잘 살아오지 않았는가?
내 탓이 아니다.

'그냥 세상이 잠깐 몸 보살필 기회를 주느라 나를 제지시켰나 보다. 내 몸도 한번 돌아보고 가자.' 라고 생각하자.

나 자신을 비롯해 내 글을 읽을 모든 분들께 정중히 부탁하고 싶다.

암의 공포에서 벗어납시다!

암에 걸린 건 '내 탓 아니다.'
더 이상 자책에서 자유로워지길.

너 정말
괜찮은 거지?

2016년 가을, 암 진단을 받고 이제 5년차 암 환자다.

'너 정말 괜찮은 거지?'

"너 정말 괜찮은 거지?" 하고 물어봐 주는 사람은 사실 없다. 물어보는 사람이나 대답을 해야 하는 사람이나 불편한 질문이니까.

친구들은 안부를 물었다가 곤란한 소식을 듣게 되면 어떻게 대꾸해야 할까 고민이 될 것이다. 가족들은 너 진짜 괜찮냐고 물었다가 마치 숨겨져 있는 폭탄 같은 내 감정을 건드리게 될까 봐 두려울지 모른다.

그래서 나는 가끔 스스로 물어봐 준다.

아무렇지 않게 별 생각 없이 지내던 일상이
그리워질 때가 있다.
잠시 깊이 서럽고, 아프다.

"너, 정말 괜찮은 거지?"
"응, 물론이야."

나는 아주 괜찮다.
정말 행복하다.
물론, 불편할 때가 있다.

요즘처럼 바람이 많이 부는 날이면 '왜 모자를 쓰고 나오지 않았을까!',

어울려 놀고 싶은 날이면 '진짜 딱 기분 좋을 만큼만 같이 한잔하고 싶다!'라는 생각이 종종 들 때.

거울에 비친 몸 곳곳에 남은 상처들을 보고 있노라면 내 자신이

불쌍하게 여겨질 때가 있다.

하지만 잠시 뿐이다.
이런 생각들이 나에게 미치는 영향은 그리 크지 않다. 그냥 문턱에 발톱을 찧은 정도의 타격(?)뿐이랄까.

잠시 깊이 아프다.
잠시 깊이 서럽다.

그러다 서서히 일상 속에서 사그라들고 만다.

파고들면 끝이 없을 거라는 걸 나는 가장 잘 안다.
이것은 나의 잘못이 아니라는 걸 나는 가장 잘 안다.
이 예기치 못한 우연한 불운에 나는 최선을 다해왔다는 걸 내가 가장 잘 안다.

그래서 나는 괜찮다.

다시 되돌아간다 해도 이 불운을 막을 수 없다고 생각한다.

또다시 되돌아간다 해도 나는 똑같은 선택을 하고 똑같이 살았을 거라고 생각한다. 똑같이 물러서지 않았을 거라고 생각한다. 쉽지만은 않겠지만, 나는 똑같은 선택을 했을 것이다.

그래서 나는 괜찮다.

음, 나는 4기 암 환자다. 하지만 나는 최악의 경우를 생각하지 않는다.

처음 진단을 받았을 때는 '암'이라는 말의 무게가 너무나도 무겁고 막연해서 참 무서웠다. 최악의 경우만 떠올랐다. 무서웠고

'나는 잘 살고 있다.'
또 그렇게 하루를 살아낸다.

서러웠다.

완치되지 않은 채 6년을 꼬박 투병하며 살아냈다. 하지만 지금 나는 최악의 경우를 생각하지 않는다. 그 대신, 지금 당장 무엇을 할 수 있는지 생각한다. 그러면 마음이 조금 편안해진다.

'나, 죽으면 어떡하지?'를 생각하는 대신 '나, 그럼 다음에 쓸 약 부작용에는 어떻게 대응해야 하지?'를 생각해보자.

물론 골치가 아플 것이다. 또 항암으로 인한 구역, 탈모를 겪어야 할 생각. 입맛이 없을 때 먹을 수 있는 식단과 외출할 때 준비해두어야 할 가발을 맞출 생각에 하루하루가 바쁠 것이다.

그렇게 하루하루 또 살아내는 거다.

의사가 어떤 말을 해도 이제 당황하지 않는다.
암에 걸렸다고 내 세상이 지옥이 되는 건 아니라는 사실을
이미 알기 때문에.

그렇게 하루가 지나고 이틀이 지나가게 될 거다.

정말로, 그러다 보니 6년이 흘렀다. 눈물 흘린 날보다 하하하 웃는 날들이 훨씬 많은 그런 6년이 흘렀다. 처음 진단을 받던 날, 모두 같은 삶을 사는데 내 세상만 무너진 줄 알았다. 내 하늘만 캄캄해진 줄 알았다.

그런데 다 똑같더라. 꼭 암에 걸렸다고 내 세상이 지옥인 것이 아닌 것처럼 다른 이들의 세상도 꼭 천국인 것은 아니더라. 그래서 나는 내가 나의 세상을 만들어나가기로 했다. 그 안에서 나는 건강하고 행복하다.

그래서 나는 정말 괜찮다.

암의 재발, 도돌이표 같은
두려움을 마주할 때마다 외롭다.

투병 중
가장 무서운 것

나름대로 짧지 않은 투병 기간을 거쳐온 내가 가장 무서운 것은 바로 외로움이다.

나만큼 많은 가족들이 발 벗고 도와주고 울어주고 웃어준 환우도 드물 거라 생각한다.

친정 부모님, 여동생, 남동생, 제부, 시어머니, 사돈댁…….
이외 많은 친척들. 이외에도 많은 지인들과 친구들이 나를 위해 기도해주고 도와주었다.

환우들은 알 거라 생각한다.
나 자신만이 오롯이 가져가야 하는 외로움이 있다.
어떤 좋은 공감과 진실된 이해도 그것을 뚫고 들어오지는 못하더라. 아무리 따뜻한 위로도 내 깊은 곳에서 나오는 외로움을 달래주지는 못하더라.

그것은 그 공감과 위로가 부족해서 그런 것이 절대 아니다.
오직 나만 느낄 수 있는 아픔이 있다.

다시 치료를 앞두고 내가 가장 두려운 것은 그것이다.
어떻게 나를 달래가며 버텨야 할지 그것이 조금 막막한 것이다.

위로하려
애쓰지 말길

'나이도 젊고 기력도 많이 회복했고, 불안함에 스트레스가 더해지고 우울함이 오니 더 힘들다.'는 것을 명분으로 추가 치료를 더 받겠노라 선언했다. 아직 검사 결과도 나오지 않았고 치료 방향도 잡히지 않았지만 나는 그렇게 설명하고 나 스스로 그렇게 믿고 살기로 했다.

첫 암 진단을 받고 얼마 지나지 않아 아이가 열이 나서 3박 4일 어린이병원에 입원해 있어야 했다. 아이를 재워놓고 입원실 바닥에 앉아 PC용 카톡을 켜놓고 절친한 친구들에게 내 안부를 스스로 직접 전달했다. 마음을 터놓고 지내는 친구가 남들보다 꽤 많다고 자부했는데, 오히려 그런 친구가 많다는 사실이 그 순간은 살짝 힘들었다.

'어떻게 말을 꺼내야 하나?'

내가 흔들리지 않게 담담하게 대해주는 것,
그것이 최고의 위로가 된다.

한참 생각하며 TV에서 나오는 불빛만 멍하니 바라봤다. 일단 털어놓고 나니 속이 시원했다. 그리고 많은 위로를 받았고 힘이 되었다.

1년 반 전 전이 판정을 받았을 때와는 조금 달랐다. 또다시 무거운 소식을 알려야 한다고 생각하니 내 소식을 듣고 당황할 모습들이 떠올라 미안했고, 나를 부담스러워하진 않을까 걱정스러웠다. 그래서 검사 결과가 나오기 전에 젊으니 치료를 더 받겠노라 선언해버리고 말았다.

절친한 친구 중 가장 위로가 됐던 친구가 있다.

그 친구에게는 있는 그대로 피검사 수치가 좋지 않아서 이것저것 검사를 더 했으며 이후의 검사 결과가 어떻게 나오든지 상관없이 치료를 더 받겠다고 솔직하게 이야기했다.

"쉬운 게 없네."

친구가 한마디 해주었다. 그간 누구에게서도 듣도 보도 못한 반응이었지만 그게 얼마나 위로가 되었는지 모른다.
진짜 쉬운 게 없네······.

"어떡해······. 힘내!"보다 훨씬 힘이 되는 말.

나에게 최선을 다해 위로해주는 사람들이 나쁘다는 것이 아니다. 그들이 하는 최선의 노력과 최선의 말과 최선의 위로가 나에게는 최선이 아닐 뿐이다. 내가 안심할 수 있도록 그토록 애를 쓰는 모습을 보면 내가 그만큼 심각하구나 하고 깨달아야 할 것만 같으니까. 피하고 싶은 것이다.

내가 흔들리지 않도록 담담하게 대해주는 것이 가장 좋다.

마음을
채우는 배려

고주파 온열치료를 앞두고 간에 있는 암세포의 정확한 위치를 파악하기 위해 간 CT 촬영을 해야만 했다. 조영제를 넣고 해야 하는 CT 촬영은 언제나 겁이 난다. 처음 CT 촬영이 있었던 날은 온몸에 확 번지는 열에 대해 잘 알지 못했다. 그래서 열이 밑으로 내려왔을 때 '내가 지금 바지에 실수를 했나?' 하고 매우 당황했던 기억이 있다. 3개월에 한 번씩 CT를 찍다보니 이제 그런 당혹감은 사라졌지만 여전히 유쾌한 경험은 아니다.

검사 기계가 팽팽팽 돌아가는 것이 무서워서 눈을 질끈 감고, '숨을 들이 마쉬고 숨을 참으세요~, 숨을 쉬세요~' 하는 안내 음성에 따르곤 했는데 오늘은 슬며시 눈을 떠 보았다. 천장에 그려진 눈부신 햇살 그림을 보았다. 나도 모르게 마음이 조금 진정되는 듯했고 심지어는 이렇게 아름다운 하늘이라니 따뜻한 봄날 우리 애들과 행복한 나들이를 오래오래 여러 해 즐기고 싶다는 생각마저 들었다. 단지 천장에 붙은 그림 하나 때문에 말이다.

소소한 말 한 마디, 행동 하나에
'잘 살아내야지' 하는 용기를 얻는다.

이것이 바로 '배려'라고 생각한다.
사람들은 예상치 못한 '배려'에 감동한다.

주사를 놓기 전 '따끔해요~'라고 말해주는 간호사 선생님도 있고, 주삿바늘을 뺀 후 내가 편히 지혈할 수 있도록 뒷좌석으로 가방을 옮겨주는 분도 있다.

엘리베이터에서 마주친 머리카락이 없는 소아 환우를 마주치면 보호자에게 놀란 얼굴을 보이지 않으려 애써 태연하게 행동한다. 또 먼저 문을 열고 들어선 후 뒤따라 들어오는 사람이 있는지 없는지 살펴본다.

나와 같은 환우들의 정서는 겉보기에는 괜찮아 보여도 여기저기 금이 가 있다. 일상에서 일어날 수 있는 불운들이 나의 약한 부분을 자극한다.

누군가의 불친절함. 나의 실수로 인해 일어난 일들.

이런 것들이 조금씩 나의 삶을 흔들다, 결국에는 "왜 나에게만 이런 일이 생기는 거야!" 하며 무너져내리는 것이다.

하지만 마음을 채우는 배려들을 만날 때 이야기는 달라진다. 따뜻한 말 한마디 사소한 행동 하나에 다시 한 번 잘 살아내어 볼 용기를 얻는다.

나는 그러한 따뜻함이 우리 하루의 작은 부분들을 무너지지 않게 받치고 있음을 확신한다.

생존
신고합니다

쉽게 쓰는 말인 듯 하면서도 살짝 섬뜩하기도 한 말.
생존 신고.

나는 가까운 지인들에게 자주 하는 말이다. 별다른 일 없을 때 그냥 메시지를 보내본다.

"잘 지내지? 생존 신고합니다."

극소수의 지인들에게만 암밍아웃을 했다. 조금 먹먹한 사실은, 어렵게 내 투병 사실을 털어놓고 나면 "얘기해줘서 정말 고맙다!"고는 하지만 이전처럼 편하게 "야! 잘 사냐~!" 하며 가볍게 묻는 안부 인사는 뚝 하고 끊겨버렸다.

상대방의 마음도 이해가 간다. 어느 날 문득 생각이 나 가볍게 인사를 했다가 무거운 소식을 접하게 되면 어떻게 반응해야 할

주변 사람에게 먼저 안부를 전하는 것,
그들의 따뜻한 마음이 온전히 전해지기 때문이다.

까 난감할 것이다. 조심스러울 것이다.

그래서 나는 가끔 스스로 '생존 신고'를 한다.

"잘 지내고 있나~ 난 잘 있다. 생존 신고!"

연락이 끊긴 친구에게 섭섭해하거나 나 말고는 다 잘 살고 있는 것 같아 우울함에 빠지기보다 오늘은 먼저 톡 한 번, 문자 한 번 보내보면 어떨까?

난 잘 있다고.

분명 마음 **따뜻한** 밤이 될 것이다.

암밍아웃을 하면
불필요한 오해를 없앨 수 있다.

암밍아웃

나는 말하자면 선택적 암밍아웃러다. 암밍아웃을 하면 좋은 점이 있다. 암밍아웃을 하면 뜻밖의 도움을 받을 수 있다. 병은 널리 알리라는 말도 있지 않은가. 처음 암 진단을 받았을 때는 가까운 가족 친지 이외에는 진단 사실조차도 알리지 않았다. 전이를 겪으며 병원 전원이나 치료에 대한 자문을 얻기 위해 부모님은 아는 인맥을 총동원해 최대한 많은 정보를 얻으려 애써주었다. 그렇게 어쩔 수 없이 처음 하게 된 암밍아웃.

암밍아웃을 하면 공감과 위로를 받을 수 있다. 유방암뿐 아니라 아픈 경험과 지병들을 안고 살아가는 사람들이 정말 많다. 다만 겉으로 드러나지 않아 잘 몰랐을 뿐.

길어진 항암치료로 쓰러졌던 날, 그날은 거래처에서 업무를 보던 중 정신을 잃고 말았는데 119를 부르고 사정 설명을 하는 과정에서 옆에 있던 동생이 대리 암밍아웃을 해주었다. 정신이 흐릿한 와중에 거래처 사장님이 "저도 10년 전에 혹이 있어서 제거한 적이 있었어요."라고 하신 말씀이 또렷이 들렸다. 경황이 없던 터라 그 혹이 무슨 혹이었는지는 지금도 알지 못하지만 환우들은 알 것이다. 수 년째 잘 지내고 있다는 그 말이 얼마나 큰 위로가 되는지.

어쨌든 거래처에 들를 때마다 혹시나 내 머리카락이 가발인 게 들통나진 않을까 괜히 위축되고 눈도 못 마주치던 날을 뒤로하고 강제 암밍아웃을 한 날 이후로는 언제든 커피를 사 들고 가서 자연스럽게 안부 인사를 전하는 사이가 되었다.

또 암밍아웃을 하면 불필요한 오해를 없앨 수 있다.

치료를 받다보면 예민해질 수도 있고 연락이 뜸해질 수도 있다. 어느 누구도 나에 대해서 얘기하지 않는데, 괜히 위축되고 남들은 다 평범하게 잘 사는 것 같은데 왜 나만 이런 시련을 겪어야 하나 싶다. 괜히 미운 마음 못난 마음이 생겨서 편했던 친구들과도 소원해지고.

어느 누구의 잘못이 아닌데도 한껏 날을 세우고 혼자만의 동굴로 들어가 버린다. 어떤 상황인지도 모르는 상태에서 날카롭게 반응하고 시도 때도 없이 잠수 타는 나를 항상 기다려줄 친구가 몇이나 될까. 혹시 미리 암밍아웃을 해둔 친구들이 있다면 그 친구들은 이해하고 기다려줄 것이다. 혹시 친구가 먼저 연락을 못 할지도 모른다. 괜히 미안해서. 그럴 때는 서운해하지 말고 먼저 연락해보자.

내 인생에도 나만의 길이 있다고 믿는 것.
내가 중심을 잃지 않고 사는 법이다.

살아야 할
괜찮은 이유를 찾는 것

"엄마, 무슨 생각해?"
"응?"

오전 내내 쏟아지던 비가 그치고 맑아진 하늘을 한참 들여다보는데 딸아이가 묻는다.

비가 쏟아지고, 바람이 휩쓸고 지나간 하늘은 유난히 맑다.
나의 지난 5년은 전반적으로 흐리고 비가 내렸다. 그나마 다행인 것은 우리 중에는 비 오는 날이 싫지만은 않은 사람도 있다.

나는 그런 사람이다. 바람이 불고 비가 억수같이 쏟아져도 그것도, 그대로도 괜찮은 이유를 찾는다.

누구나 아플 수 있다.
누구나 늙고 병 든다.

나는 타이밍이 안 좋을 때 비를 맞았을 뿐, 피할 곳을 찾기도 전에 비를 만났을 뿐, 지금까지 중심 잃지 않고 잘 해왔다.

나를 잃지 말자. 이 힘든 여정도 내 인생의 일부임을 받아들이자. 내가 사랑하는, 나를 사랑하는, 모든 이들을 위해 그렇게 또 하루 살아가자.

사소하고
사소한 바람

너무나도 당연했던, 하지만 지금은 할 수 없는 아주 사소하고 사소한 일. 치료를 받으면서 가장 눈에 띄게 변하는 것, 그래서 모든 환우들이 가장 무서워하는 것. 바로 탈모다.

그래서 사소하고 사소한 일 중 가장 하고 싶은 일은 항상 머리카락과 관련되어 있다.

밥 먹을 때,
공부할 때,
청소할 때,
스르륵 흘러내리는 옆머리를
손가락으로 쓸어 올려보고 싶다.

머리카락을 손가락 사이사이에 넣고, 두피를 문지르며 머리카락을 흔들어보고 싶다.

친구들과의 술 한잔,
바람에 날아가는 머리카락을 매만지는 것.
내가 요즘 제일 하고 싶은 일.

뜨거운 물에 샤워를 하고 머리카락을 감싼 수건을 돌돌 말아올린 뒤 스킨을 바르고 싶다.

미용실 파마약 냄새가 그립다.
미용실에서 미용사가 머리끝이 많이 상했다며 핀잔주는 목소리마저 그립다.

날 좋은 어떤 날에는 드라이브나 가자고 나서서, 창문을 내리고, 눈을 감고, 바람에 날리는 머리카락을 느끼고 싶다.

아프다는 이유로 꿈을 갖지 못하게 하는 건,

삶의 이유를 찾지 말라는 것.

암 환자는
꿈도 꾸면 안 되나요?

암 환자로 살아가면서 내 멘탈 하나 겨우 붙잡고 살아가는데 예기치 못하게 나를 괴롭히는 한 가지가 있다.

지나친 걱정과 잔소리.

생존 문제와는 동떨어진 아주 다른 차원의 문제인데, 그게 나와 같은 못 말리는 열정러에게는 큰 스트레스가 된다. 지나친 간섭은 잔소리가 되고 잔소리는 핀잔이 되어 내 귓등에 내려앉는다. 지금은 나를 걱정해주는 나름의 표현 방식이겠거니 하고 생각하지만 한때는 그런 유형의 모든 말들이 나의 가슴 속에 콕콕 박혔다.

나는 암 환자임에도 불구하고 자신을 너무 사랑한 나머지, 이까짓 암 따위가 내 인생을 가로막을 순 없다고 생각하며 현재보다는 미래를 위한 하루하루를 살았다.

힘든 치료를 받고 있음에도 불구하고 가까운 또는 먼 미래를 위해 잠을 아끼고 공부한다는 소문이 어딘가에 전해지면 어김없이 비난의 화살이 날아와 꽂혔다. 보통 '네 몸이 가장 중요하지.'로 시작한 이런 류의 말들은 '암 환자 주제에 뭘 하겠다고'로 내 속에서 끝나고 만다. 하지만 사실 크게 한번 따져보고도 싶다.

"암 환자는 꿈도 꾸면 안 되나요?"

암 환자들에게 하는 조언 중 흔한 것으로 '무리하지 마라', '피곤하게 하지 마라', '스트레스받지 마라' 등이 있다. 대개 그들은 이런 조언들을 쏟아내며 암 환자 너는 아무것도 하지 않고 건강관리에만 신경 쓰기를 강력하게 권고한다. (꼭 아무것도 하지 않아야 한다!)

그들은 알까?

폭풍 같은 잔소리 후 '간만의 안부 전화였다!'며 뿌듯해하는 사이 전화기 너머 완전히 무력화되어 무너진 한 사람이 있다는 사실을.

한숨의 무게

나는 눈물보다 울음보다 더 무서운 게 있다.

'한숨.'

아들이 나이든 어머니를 모시고 병원에 방문한다. 아무래도 예약시간에 착오가 있었던 모양이다. 간호사가 묻는다.

"이○○ 님, 진료시간 문자 못 받으셨어요?"

어머니가 입을 채 떼기도 전에 아들은 한숨을 푸욱 내쉰다. 어머니는 미안한 기색이 만연한 웃음을 지으며 사과한다.

진료 대기실 옆자리에 가발을 쓰고 모자를 눌러쓴 빼빼 마른 환우가 앉았다. 유방 외과에 함께 앉아 있는 것만으로도 동지애가 샘솟는데, 가발을 쓰고 앙상한 손목을 보고 있자니 유난히 더 마음이 쓰인다. 휴대전화로 상대가 받지 않는 전화를 계속 붙잡고 눈으로는 진료 대기 순번을 훑는다. 드디어 연결된 전화기 너머로 화를 내던 내 동지는 한숨을 푹푹 쉬며 "당신 때문에 병 걸리겠어."라는 악담을 퍼붓고 전화를 끊어버린다.

진료실에서 좋지도 그렇다고 그다지 나쁘지도 않은 검사 결과를 듣고 엄마에게 톡을 보낸다.

'사진상으로는 크게 나빠지지 않은 것 같다고 하는데, 피검사 수치가 좀 올랐다네.'
'피검사 수치가 얼만데?'
'지난번보다 거의 2배.'
'어휴……'

지금 글을 쓰면서도 가슴이 내려앉는 듯하다. 나는 한숨 쉬는 부류의 사람이 아니다. '한숨 쉬는 부류의 사람'은 따로 있나? 하고 생각할지 모르겠다. 하지만 나는 정말로 그렇게 생각한다. 한숨 쉬는 부류의 사람은 따로 있다.

실망스러울 때
짜증 날 때
불안할 때

한숨은 언제든지 나올 수 있는 자연스러운 현상이지만 누군가는 문자로도 글을 쓸 때도 습관적으로 한숨을 내뱉는다. 이것은 자연스러운 것이 아니라 의도가 있다고 생각한다.

내 한숨은 누군가에게 어떤 방식으로든 부담을 주고 눈치를 보게 한다. 한숨의 무게는 세상 무엇보다 무겁다. 그저 가슴을 부풀렸다 입으로 뱉어내는 공기일 뿐인데 그것의 무게는 상상을 초월한다. 그 어떤 무거운 말보다 행동보다 나를 무섭게 짓누른다.

남들이 내뱉는 나를 향한 한숨은 두말할 것 없고,
내가 남에게 내뱉는 한숨.
내가 나에게 내뱉는 한숨.

그 어느 하나 나에게 이로울 것이 없다. 오늘부터 하나라도 줄이면 좋겠다. 오늘부터라도 나만 들리게 내뱉는 한숨으로 스스로 옥죄기보다 그냥 괜찮다고 한번 토닥토닥해주기로.

항상 옆에 있어야만 위안이 되는 것은 아니다.
때로는 조용히 지켜봐주는 게
위안이 된다.

하마터면
기분 나쁠 뻔했다

나의 담당 교수님은 정말이지 나에게는 하나뿐인 구세주다. 우리 교수님이 없었다면 나는 지금 어땠을까, 버텨내지 못했을 것이다. 내가 이렇게 의지하는 교수님에게 배신감을 느꼈을 때가 있었다. 진료 대기실에 교수님이 했던 신문기사 인터뷰가 스크랩되어 있는 것을 봤을 때였다. '4기 환자의 치료 목적은 완치가 아닌 생명을 연장함에 있다.'라는 카피가 보였다.

'생명 연장이라……'

완치는 어차피 어려우니 포기하라는 건가? 그냥 남은 여생은 그럭저럭 연명이나 하라는가? 불쾌감이 들었다. 좌절감도 들었던 것 같다.

혹자는 이렇게 말하기도 한다.

'암 환자들이 죽는 이유는 암세포 때문이 아니라 독한 항암제 때문이라더라.'

나는 80대 노인이 아니다. 나이 들고 독한 항암제를 견뎌낼 체력이 없는 환자들에게는 일부 맞는 말일지 모르지만 나는 아직 아니다. 뇌사상태에 빠진 가족이 일어나기만 간절히 바라는 이가 장기 기증 부탁을 받으면 이런 기분일까?

생각을 해보기로 했다.

완치가 아닌 생명 연장에 목적이 있다면 왜 그렇게 힘들고 독한 항암치료를 해야 할까? 생명 연장이라는 말은 그다지 희망적이지 않은데 아무런 희망 없이 나는 왜 항암치료를 받아야 할까? 항암치료는 선택일까?

아니다.

교수는 그렇게 보지 않는 것이다.
삶의 질 향상?

기사 속 '삶의 질 향상'이라는 글을 보았을 때, 어쩌면 나는 그것이 4기 환자들의 '삶의 질 향상'을 위해 항암치료를 하지 않고 '내버려 둔다' 정도로 생각했던 것 같다.

항암치료란 그 정도로 힘든 것이니까. 항암치료를 하면 삶의 질이 현격히 떨어진다. 그러니 내 경험상으론 항암치료를 중단해야만 삶의 질이 향상된다. 아이러니하다.

아니다. 생각을 다르게 해보자.

삶의 질 향상을 위해
가만히 내버려 두는 게 필요하다.
항암치료는 그 정도로 힘든 거니까.

그럼 항암치료를 받지 않으면 어떻게 될까?

항암제의 방해를 받지 않은 암세포는 점점 더 활성화되고 똘똘 뭉칠 것이다. 암덩이는 점점 더 커져서 여러 기관의 기능을 방해할지 모른다. 기관지를 눌러서 숨쉬기가 힘들어질지도 모른다. 그나마도 통증이 없으면 다행일 것이다. 통증에 시달리는 삶은 어떨까?

아…….
삶의 질!

머리카락이 모두 빠지고 약이 투여될 때마다 구역감과 구토에 시달리는 삶은 고통스럽다. 암세포를 죽이러 가는 길은 험난하다. 하지만 그 길 끝에는 희망이 있다. 험난한 길의 끝에 있는 불빛만 보고 힘겹게 기어간다.

치료가 없는 삶은 평안하다.

4기 환자라도 당장 내일 죽을 것처럼 병약해 보이지 않는 환우들이 많다. 하지만 그 내일이 밝을지 어두울지를 장담할 수 있는 사람은 아무도 없다. 4기 환자의 항암치료란 그런 것이다. 암세포의 활성화를 방해해서 통증을 완화해 사는 날 동안의 삶의 질을 높인다. 지금 생각해보니 '생명 연장'이라는 말이 뭐가 어때서 그렇게 날을 세웠나 싶다.

하루 더 살아도 생명 연장이고, 한 달을 더 살아도 생명 연장이고, 10년, 20년을 더 살아도 생명 연장인 것을.

아, 하마터면 괜히 기분 나쁠 뻔했다.

작은 응원

아이와 산에 오른다. 우리의 목표는 구만폭포.
표지판 하나 보고 오르기로 했다.

목적지까지의 길이 하나일지 여러 개일지 알지 못 한다.

휴대전화도 책도 없이 달랑 생수병 하나 들고 오르는 길.
평소에 하지 못했던 얘기들을 해본다.

아무 말 없이 산새 소리와 흐르는 물소리를 들어보기도 한다. 흙길의 푹신함도 그대로 느껴보고, 낙엽의 바삭바삭함도 밟아본다. 그렇게 걷다보니 돌길이다. 큰 돌을 웃챠, 넘어본다. 아이는 괜히 으스대며 포니테일을 힘차게 힘들며 앞장신다.

목적지에 가까워지려는지 더 험난해진 산길에서 넘어지지 않으려고 한참 용을 쓰다 고개를 들어보니 눈앞에 시원한 폭포가 보인다.

아, 좋다.

이제 내려가자.

오를 때는 보이지 않던 다른 이들의 얼굴이 내려갈 때는 잘 보인다. 반대편, 오르는 이들의 눈빛은 더 위를 향해 있다. 폭포를 찾는 눈동자. 눈이 마주쳤을 때 한마디 던져본다.

"조금만 더 올라가면 폭포에요."

지친 얼굴에 미소가 번진다.

나도 싱긋 웃는다. 오르는 길이 조금이나마 힘이 되었길.

직감

"여자의 촉이란 게 있잖아요?"
"글쎄. 그런가?"

촉이라는 게 있다면 나는 촉에 둔감한 유형이다. 다만 현실 객관화에는 굉장히 능한 편이다. 나는 불편한 현실을 회피하지는 않는다. 물론 너무 불편해서 숨이 꽉 막힐 때가 많지만 오랜 투병 중에 얻은 작은 지혜랄까. '불편할수록 하루라도 일찍 당당히 맞서는 편이 옳다.'라는 것을 알고 있다.

전문가는 아니지만 적어도 내 암 특성에 대해 알고, 그에 대처할 수 있는 방안에 대해서는 꿰뚫고 있다. 내 몸 상태가 어떤지에 대해 꼼꼼히 기록하고 수치에 대해서도 늘 숙지한다.

암은 나에게 예측하지 못한 어느 목요일 찾아왔지만 수치는 나의 몸을 예측할 수 있게 한다. 그간의 수치로 오늘 진료실에서

언제나 아래에서 보는 계단은 높기만 하다.
하지만 위에서 낮게 느껴진다.
같은 높이인데도 어디에 있느냐에 따라 달라진다.

어떤 이야기를 나누게 될지 직감한다.

누구나 살면서 불길한 직감에 대한 경험을 한다. 하필 오늘 등 굣길, 교문에 학주_{학생주임 선생님}가 서 있을지 모른다는 불길한 직감, 하필 오늘 당번이 내가 될지도 모른다는 불길한 직감, 하필 내가 타야 할 그 버스에 원어민 교수가 타고 있을지 모른다는 불길한 직감, 하필 그 원어민 교수가 나를 알아보고 계속 말을 걸지 모른다는 불길한 직감, 피하고 싶지만 마주할 수밖에 없는 그러한 것들.

'왜 하필'은 어차피 쓸모가 없으니 '자, 그러면' 하고 다시 한 번 맞서본다.

'왜 하필'보다 '자, 그러면' 하고 생각을 전환하는 것.
암 환자들에게 제일 필요한 것이 아닐까.

어차피
가지 않은 길

아침에 눈을 뜨면 곧장 욕실로 달려가 양치를 하고 머리를 빗는다. 아이의 도시락 가방을 싸고 스스로 입을 수 있도록 입을 옷을 소파 위에 가지런히 둔다. 어린이 프로가 방영되는 14번 채널을 틀어놓고, 간단한 아침 식사를 준비한다.

매일 똑같은 아침 일상인데도 불구하고 수백 가지의 고민이 따른다.

오늘은 바지를 입힐까 아니, 치마가 좋을까?
머리는 하나로 묶어줄까, 양 갈래로 묶어줄까?
누룽지를 끓일까? 그냥 과일로 때울까?

사람은 하루에 대략 3만 어 개의 결정을 내린다고 한다.

여러 사상가들의 철학을 배우던 고교 시절 '운명론'에 대해 듣고는

모든 인생의 길에는 가지 않은 길이 있다.
'만약'이라는 단어를 머릿속에 계속 붙잡고 산다면
불행해지지 않을까?

매우 거북함을 느꼈던 경험이 있다. '내가 어떤 선택을 내렸건 어차피 그것은 그렇게 될 운명이었다.'와 비슷한 사상이었는데 '이건 뭔 개똥 같은 철학이야.'라고 생각하는 동시에 가슴이 옥죄어 오는 듯한 갑갑함을 느꼈다. 나의 합리적인 이성과 현명한 선택들이 모두 부정당하는 기분이랄까?

'만약에 이 선택으로 불행해지면 어떻게 하지?'

일어날지 안 일어날지도 모르는 고민을 하다가 맞게 된 결과에 대해 '어차피 그렇게 될 운명'이라고 치부해버리는 것은 어리석고 무책임하다.

'이 선택으로 나는 불행해질까?'와 '이 선택으로 나는 행복해질까?'의 확률은 같다. '이 선택을 하면 행복해질까?'와 '이 선택을 하지 않으면 행복해질까?'는 어쩌면 같다.

어차피 그렇게 될 운명이라는 것은 존재하지 않는다. 그것보다 나는 '어차피 가지 않은 길은 항상 존재한다.'라고 말하고 싶다.

일단 가자.
내가 갔던 바로 그 길도, 가지 않았던 그 길도 나에게서 비롯되었음을 기억하자.

그렇게 다짐했다

다시 케모포트를 심었다. 케모포트를 빼던 날, 다른 무엇과 비할 바 없이 후련했다. 오랫동안 내 몸속에 있던 케모포트는 시간이 흘러 포트 위 피부가 얇아지며 더 도드라져 보였고, 마치 나는 특별한 사람이라는 것을 표식한 듯했다.

그래서 싫었다.

수술 회복실에서 휠체어에 앉은 채 잠깐 대기하는데, 갑자기 두려움이 몰려왔다.

12번 수술실.
다시 수술대.
이길로 몇 번째 수술실이지.

병원 교수님들 눈에 나는 물가에 내놓은 아이 같나 보다. 수술

다짐하고 또 다짐한다.
'이번 치료에는 이곳에서의 눈물이 처음이자,
마지막.'이라고.

실에서 다시 만난 나를 보고 애가 쓰여서 어쩔 줄 몰라하시는 교수님들. 내가 처음 이 병원에 발을 들인 날부터 전담해주셨던 교수님은 말 한마디 건네기 전에 머리부터 쓰다듬어주신다.

울컥 한다.

린파자 약상자를 붙잡고 나를 위해 기도해주시던 젊은 교수님은 내 이름 대신 '시하님'이라 부르시며 "우리 여기서 만나면 안 되는데……." 하신다.

또 울컥 한다.

수술포를 덮어쓰고 수술 내내 소리 없이 눈물을 쏟았다. 수술실 선생님들은 이유도 묻지 않고 흐르는 눈물을 닦아주고 손을 잡아준다.

'이번 치료에는 이곳에서의 눈물이 처음이자 마지막이다.'

그렇게 다짐했다.

내가 눈물 흘릴 곳은 지금 여기뿐이다.
그렇게 다짐하고 또 했다.

나는 힘이 세거든

독성 항암 부작용이 제대로 와서 꼬박 일주일 밤을 누워서 보냈다. 특히 손발에 힘이 없고 다리가 저린 듯한 통증이 가장 힘들다. 아이는 그저 엄마가 힘이 없다고 생각해 연신 다리를 주무르고 두드린다.

"엄마에게 내 힘을 뽑아서 나눠주고 싶어. 나는 힘이 세거든."

새어 나오는 미소 끝부터 힘이 솟는다.

"엄마, 안마의자가 시원해? 우리 손이 시원해?"
"기계가 해주는 것보다 너희가 해주는 게 훨씬 좋아."
"우리 안마는 사랑이 들어가니 더 좋지?"
"그래 맞아, 작디 작은 너희 손이 더 좋은 이유는 바로 그거였네!"

휴가철이 지나면 접어두는 파라솔처럼
이제 그만 미안해해도 되지 않을까?

더 이상
미안해하지 않기로 했다

투병 생활을 하면서 수많은 감정 중 가장 무겁게 그리고 가장 자주 드는 감정은 미안함이다.

평범하지 않은, 더 정확히는 건강하지 않은 엄마라 미안하고, 함께 이끌어가야 할 가정에 더 힘을 실어주지 못하는 아내라 미안하고, "건강하게 오래오래 사세요."라는 인사 대신 "꼭 건강만 해야 한다."라고 다독여야 하는 딸이라 미안하다.

미안함은 꼬리에 꼬리를 물고 이내, 만물의 탓이 내가 되어버린다. 하지만 나는 이제 더 이상 미안해하지 않기로 했다.

까까머리 돌쟁이 아이를 안고, 네 머리가 이쁘게 기를 때쯤 엄마도 머리를 이쁘게 길리시 같이 미용실에 가겠노라.
그 약속을 못 지킨 것을 미안해하지 않기로 했다.

여름 휴가를 신나게 계획하는 대신 항암 스케줄부터 계산해야 하는 나를, 적어도 나 자신은 미워하지 않기로 했다.

'미안'은 '서럽'고 '아픈 것'보다 더 마음이 아리다.

나는 언젠가 이렇게 말할 날을 기다리기로 했다.

"네 학창 시절 늘 까까머리였던 모습은 딸 옆에서 치열하게 버텼던 엄마의 흔적이야."라고.

낮은 곳에서
떨어지면

원래 타고난 건강을 자랑할 만한 체질은 아니었다. 하지만 아직 젊다고 방심했던 20대의 내가 처음 암 진단을 받았을 때 와르르 무너졌다.

너무나도 힘들었던 항암치료를 정해진 회차만큼 마치고 짧은 앞머리를 다듬어 가발을 벗고 처음 직장에 나갔던 날, 운명의 장난처럼 전이 소식을 전해 듣고 나는 또다시 무너졌다.

그 이후로 나는 희망의 사다리를 그다지 높이 올라가지 못한다. 아니 올라가지 않았다는 것이 더 맞는 표현일지 모른다.

치료 경과가 좋을 때도 나는 늘 적당한 높이에서 마음을 비우고 기다린다. 그곳에서는 떨어져도 그다지 아프지 않기 때문이다.

많은 것을 가졌다고 생각했을 때 모든 것을 내려놓기는 참 힘들다.

바라는 마음이 크면 그만큼 실망도 큰 법.
난 소소한 행복만을 취하기로 했다.

모든 것을 가지려고 하지 말자.
많은 것을 가지려고 하지 말자.

그냥 어제보다 오늘 조금 더 가지게 되었음을, 어제보다 오늘 조금 더 올라왔음을 만끽하자.

또다시 독성 항암으로 머리가 빠질 것이다. 경험상 10일에서 11일이 되면 머리털은 어김없이 빠질 것이다.

고민했다.
두려웠다.

움쑥움쑥 뽑혀 나올 머리털을 볼 자신도, 그렇다고 또다시 머리통에 바리깡을 갖다 댈 자신도 없었다. 기다려보기로 했다. 항암을 시작한 지 10일이 되었다. 한 주먹씩 빠지던 이전과는 달리

한 가닥 두 가닥 빠질 뿐.

12일이 되었다.
세 가닥 네 가닥 빠질 뿐.

거울을 보았다. 이전 독성 항암을 끝낸 지 1년 반이 되었지만 아직도 정수리는 횅하다. 오랜 투병으로 아직 온전히 회복하지 못한 내 머리. 내 머리도, 다시 떨어져도 덜 아픈 그곳에 있었던 모양이다.

비 오는 날

비가 온다.
다리 아래를 운전해서 지나간다.

반대편 차가 밟고 지나간 물웅덩이의 벼락을 뒤집어쓴다.
흠칫 놀라지만 그래도 앞으로 나아가야 한다.

앞으로는 오토바이 한 대가 지나간다. 헬멧 위로 교각에 맺혔다 떨어지는 빗물들이 그대로 부딪친다.

비 오는 날, 안에서 바깥을 내다보는 것은 묘한 안정감을 준다.
이런 비바람에도 여전히 무사하다는 생각이 든다.

학창 시절에는 가장 마음이 잘 맞았던 친구와 우리 집 앞도, 그 아이의 집 앞도, 학교 앞도 아닌 엉뚱한 어딘가에서 비를 맞는 것이 낭만적이었다.

비 오는 날을 좋아하는 사람이었는데,
지금은 그저 거추장스러운 날 중 하나로 여기게 되었다.

나는 비 오는 날을 좋아하는 사람 중 하나였는데, 언젠부터인가 그저 거추장스러운 날 중 하나로 여기게 되었다.

장마는 때가 되면 다시 온다.
나는 요즘 현실과 낭만 그 어딘가에서 살아간다.

인생을 살다보면 무뎌지게 마련이다.

하지만 그만큼 익숙한 내 세상이 만들어졌다는 의미이기도 하다.

아무것도
아니다

나는 가끔 나에게 말한다.

"아무것도 아니야."

5년 전 10월, 내 세상은 무너졌지만 시간은 흘렀다. 아이들은 잘 컸고 나는 다시 내 세상을 만들었다.

10년 전 어느 날, 세상의 전부였던 남편은 나에게 이별을 고했지만 시간은 흘렀다. 다시 서로를 이해하게 되었고, 우리는 우리의 세상을 만들었다.

그보다 더 오랜 어느 날, 수학여행에서 집으로 돌아오는 날 성적표를 나눠주는 선생님을 원망하며 귀가하는 길이 수백만 리 같았지만 그 시간도 결국 찰나였다.

이 모든 게 지나가면 아무것도 아니다.

이 모든 게 지나고 나면 아무것도 아니다.

시련은 있어도
실패는 없다

"불가능하다고? 이봐, 해봤어?"

일화의 주인공인 현대 그룹 고(故) 정주영 회장, 인간적으로 매우 존경하는 인물이다. 그의 자서전 《시련은 있어도 실패는 없다》에서 정주영 회장은 말한다.

"넘기 힘든 장애물들이 우리 사는 길 앞에 놓일 수 있다. 그럼에도 끝까지 포기하지 않으면 그것은 실패가 아닌 시련으로 남을 수 있다."

실패를 시련으로 바꾸는 것은 나의 의지에 달려 있다고 믿어보자. 포기하지 말고 버티자. 우리 이 힘든 날들을 실패가 아닌 시련으로 남기자. 내가 포기하지 않고 잘 버티어내면 언제든 기회는 있다.

내가 포기하지 않고 잘 버티어내면 언제든 기회는 온다.

청개구리는 버드나무 가지에 닿지 못해도 낙심하지 않고 스무 번 서른 번 뛰어올라 결국에 성공하고 만다고 했다. 하물며 나는 개구리가 아닌 사람의 자식 아니던가!

남편의 일기 03.

간만에 식구답네

신혼생활의 즐거움을 만끽하지 못하고 아내는 아이를 가졌다. 아이의 존재는 알게 모르게 내 어깨를 짓눌렀다. 그래서 새벽 일을 시작했다.

그때부터 우리 부부는 한집에 사는 이산가족처럼 지냈다. 나는 캄캄한 새벽 아내 얼굴을 어루만지다 출근하기 일쑤였고, 아내는 서둘러 퇴근한 현관에서 모두가 잠든 걸 확인하고 실망하기 일쑤였다.

아내는 스물다섯에 나와 결혼했다. 꿈 많은 숙녀가 한창 목표를 향해 달려가야 할 그런 나이. 그녀는 나와 같이 목표를 만들고 그 목표를 향해 같이 가고 싶다고 했다. 그런 그녀가 고마웠고, 동시에 미안한 마음이 들었다.

나는 '그렇다면 나의 꿈은 너의 꿈을 실현시키는 거야.'라고 마음먹었다. 아내는 우리의 목표를 위해 여전히 달리고 나는 그런 아내를 충실히 응원한다.

나는 오전 내내 일을 하고 오후에 육아를 한다. 아내는 오전 내내 육아를 하고 오후에 일을 한다.

네 식구가 도란도란 함께하지 못하는 식사 시간이 늘 아쉽다. 하지만 더 마음이 아린 건 입원을 앞두고 제대로 된 밥 한 끼 못 챙겨주는 것이다.

다행인지 불행인지 코로나19로 일이 취소된 아내가 일찍 귀가했다. 입원 전 제대로 된 밥 한 끼 먹여서 보내고 싶었는데 잘되었다고 하자. 아내는 '우리 입원 전 저녁 함께 먹는 게 처음이던가?' 하며 새삼스럽게 놀랐다.

그래, 간만에 식구답네.

남편의 일기 04.
아내의 머리카락이 빠졌다

아내의 머리카락이 빠졌다. 아내는 수많은 항암치료 부작용 중 탈모를 가장 두려워했다. 마치 암보다, 암세포보다 항암치료로 인한 탈모가 더 고통스러운 듯 했다.

아내는 유방암 커뮤니티에서 탈모에 대해 끊임없이 찾아봤다. 항암치료 후 열흘에서 보름이면 탈모가 시작된다고 했다. 아내는 긴 머리가 빠지는 것을 보는 게 견디기 힘들 것 같으니 머리를 밀어달라고 했다.

긴 머리는 빠지는 게 눈에 보이지만 짧은 머리는 그나마 눈에 띄지 않을 테니 괜찮을 것 같다고. 아내는 그렇게 탈모에 대한 준비를 했다.

나는 그러겠다고 했다. 당연히 내가 해야 할 일이었다.

'얼마나 많이 생각하고 나에게 얘기했을까…….'

내가 해줄 수 있는 것은 단지 아내의 마음을 헤아리는 일뿐이었다. 머리를 밀고도 한동안 그녀는 나에게 보여주지 않았다. 그렇게 하기까지 아내는 생각을 많이 했을 것이다, 나는 아내가 했을 그 고민들로 마음이 아팠다.

그런 아내의 모습, 머리카락 한 올 없는 그 모습도 나는 괜찮다는 마음을 전하고 싶었다. 그 어떤 모습도 나에겐 그저 사랑하는 아내일 테니까.

Chapter 3.

나는 그렇게
세상으로 나왔다

부모님이라는 울타리,
가족이라는 울타리 결국 그들을 지키기
위해서는 나를 잃지 말아야 했다.
그래서 나를 더 아끼고 사랑하게 되었다.

나를
잃지 않는 것

"당신에게 있어서 성공이란 무엇인가요? 모두에게 묻고 싶어요."

누군가 말한다. 어려운 질문이라며 모두들 머리를 긁적긁적.
대답을 주저한다.

누군가 침묵을 깨고 말한다.

"경제적 자유를 얻는 것. 그것이 성공이라고 생각해요."
"가족들과 행복하게 살아가는 것이요."
"내가 원하는 일을 하며 살 수 있다면 성공 아닐까요?"

내 차례다.
나는 사뭇 진지하다.

"둘째를 임신하고 생사를 고민해야 할 정도로 아팠어요. 지금은 그 아이가 여섯 살이 되었어요."

내 한마디에 듣는 이의 눈썹이 모두 슬프게 가라앉는다.

"단 하루 크게 울었어요. 왜 하필 나냐고. 하늘은 착하고 열심히 살아온 사람의 사정 따윈 봐주지 않는 거냐고 엉엉 울며 원망했어요. 그리고 다음 날, 나는 다시 나를 찾았어요. 찾아야만 했어요. 나는 착한 딸로, 굳건한 엄마로, 제자리를 지키는 아내로 남고 싶었어요. 병은 무섭고 갑작스럽게 찾아왔지만 내 삶에 조용히 스며들었고 더 이상 나를 삼키지 않았어요. 어떤 제약이 오더라도 나를 잃지 않는 것. 그게 성공이라고 생각해요."

내가 물려주고자
하는 것

나를 보는 대부분의 사람들이 말한다. 쉬엄쉬엄 가자고 뭘 그렇게 열심히 하느냐고.

나의 성실에는 특정한 도달점이 없다. 성취하고자 하는 지점이 없다는 말이다. 목표도 없이 왜 열심히 달리는지 더 의아할 것이다. 나는 스무 살이 됨과 동시에 돈을 벌어야 했다. 가족들을 위해 생활비를 터억, 내어놓아야 했던 것은 아니지만 대학생의 용돈 그뿐 아니라 나 하나 오롯이 생활할 돈은 스스로 벌어야 했으므로 생계를 위해 돈을 벌어야 했다고 해도 무방할 것이다.

교복을 벗은 지 한 달도 되지 않아 나는 숨만 쉬어도 나가야 할 돈이 있다는 것을 체감했다.

나는 원망보다는 순응을 택했다. 내가 바꿀 수 없는 것을 쥐고 있기보다는 내가 바꿀 수 있는 것을 쫓기로 했다. 내 부모님은

좌절은 짧게, 나아감은 길게,
나의 성실에는 특정한 도달점이 없다.
내 아이들에게 물려주고 싶은 것이기도 하다.

운이 따르지 않았을 뿐 당신들 생애 매 순간 최선을 다했다.

그래서 나는 억울하지 않았다. 나는 내 부모가 가여웠다. 땀 흘리며 일하는 부모를 보고 자란 자식은 생각한다.

'살다보면 운이 따르지 않을 때도, 부당한 일을 당할 때도, 내 의지대로 되지 않을 때도 있지만 그럴 때마다 딛고 일어나 털고 나아가야 하는구나.'

좌절은 짧게, 나아감은 길게, 나의 성실에는 특정한 도달점이 없다.

나는 나의 사랑스러운 아이들에게 이렇게 살아감을 몸소 보여주고 싶다. 내가 물려주고자 하는 것은 내가 일궈낸 높은 곳이 아니라 엄마도 이렇게 살아왔다는 것을 일깨워주는 것이다.

나에게
집중하기

어릴 때부터 쭈욱~, 나의 기준은 내 안에 있지 않았다. 어려서는 엄마 아빠를 기쁘게 하고자 했고, 친구를 사귀고는 그의 기분이 상하지 않게 하고자 했다. 항상 누군가 걸어간 길에 합류하지 못함에 조바심이 나곤 했다.

나는 나로 태어났음에도 매번 매 순간 내가 아닌 것에 중심을 두었다. 어느 순간 나는 그것을 그만두기로 했다.

나는 나에게 집중하기로 했다.

내가 뱉은 한마디에 누군가 불편하지 않을까 노심초사하는 대신 단 한 마디도 소중하게 내뱉기로 했다. 누구나 하는 것이라도 나는 하지 않기로 했다. 그 대신 내가 할 일을 하기로 했다.

다른 이의 뒤를 쫓지 않고, 내 갈 길을 가기로 마음먹은 것에는 많은 이득이 있다. 나는 내가 원할 때 스스로 선택한 길을 가는 것이므로 조바심이 나지 않는다. 비교할 대상이 없으므로 그저 잘하고 있다고 믿을 수 있다. 모두 내가 선택한 일이므로 모든 책임은 전적으로 나에게 있다. 그러므로 나는 최선을 다한다.

나는 생산적인 사람이고, 나 자체로 가치가 있다. 그래서 나는 잘 닦인 도로에서 속력을 내는 대신 나만의 길을 닦기로 했다.

나에게 집중하는 것,
내가 앞을 걸으면서 가장 중요하게 생각하게 된 것.

이제 엄마 머리는
모르는 척해줘

어린이집에서 꽁꽁 묶어온 머리를 풀어주는데, "살살해주세요. 이러다가 대머리 되겠어요~, 엄마처럼." 하고 말하는 다섯 살 딸아이. 순간 당황했지만, "야아~" 하고 대수롭지 않게 모면하려는 순간 남편이 아이를 나무랐다.

첫째가 그러니 둘째도 함께 "엄마는 대머리~" 하고 놀렸다. 나는 그다지 속상하지는 않았고 '아……. 올 것이 왔네.' 하는 생각이 들었다.

함께 샤워하고 나와서 "공주들, 엄마는 공주들이 배 속에 있었을 때 많~이 아팠어. 우리 공주들이랑 행복하게 살려고 열심히 노력하다 보니까 머리가 빠졌는데, 이제 새로 나고 있는 중이야. 공주들이 그렇게 놀리면 엄마 많이 속상해."라고 했다.

공감 능력 뛰어난 세 살 둘째는 말이 끝나기가 무섭게 눈물이 그렁해서 "엄마아……. 미안해요. 정말 미안해요." 하고, 첫째는 끝까지 다 듣더니 "엄마 미안해요, 안아줄게요." 하더니 내 머리를 꼭 안는다.

"엄마 봤어요? 나 엄마 머리를 안아준 거예요."

그 이후로 밥 먹을 때도 두건 위로 삐져나온 머리카락을 보며 "엄마, 머리카락 있네~!" 하고, 놀이하다가도 "엄마, 머리카락 많이 났네~!" 한다.

이제 그냥 엄마 머리는 모른 척해줘.

쟤는
누구 닮아서

5년 전 가을, 흐린 날 수요일 아침 나도 엄마가 되었다. 성미 급한 나를 닮아 예정일보다 3주나 일찍 태어난 아가는 2.69kg으로 우렁차게 울며 건강하게 태어났다.

첫째 딸은 아빠를 닮는다는데 아이는 자랄수록 나를 닮아갔다. 쌍꺼풀 없는 눈, 복코, 시원하게 웃는 입매. 나를 똑 닮은 예쁜 아이. 한번은 자는 모습을 찍었던 사진을 보고선 흠칫 놀란 적도 있다. 진짜 내 모습을 보는 것 같아서.

나를 너무나도 닮은 아이를 보며 친정 부모님은 아이의 모습에서 내 어린 시절을 자주 회상하곤 했다. 나는 그런 부모님을 보며 '이것도 일종의 효도구나.' 하고 생각했는지 모르겠다.

그러다 둘째가 왔다.
이번엔 아빠를 '예쁘게' 닮은, 그리고 첫째와 꼭 닮은 천사 같은 아이.

둘째 임신 중 발견한 암덩이.

그때부터였다.
'아가야, 제발 엄마를 닮지 마.'라고 생각하게 된 건.

"우리 애기, 누구 닮아서 이렇게 예뻐~?"
"엄.마!"
'……'

첫째는 외모뿐 아니라 따지기 좋아하고 불의를 못 참는 성향까지 나를 닮았다. 나가서 땀 흘리기를 좋아하고 경쟁을 좋아하며 잘 달린다. 그건 나와는 반대다.
둘째는 나와는 정말 다르다. 태어날 때부터 온몸이 애교덩어리인 아이. 둘째는 눈동자가 하트 모양이다. 갑갑한 걸 못 참고 이

불도 덮지 않고 잠자리에 든다.

무뚝뚝하고 이불 없인 잠자리에 못 드는 나와는 반대.

"쟤는 누구 닮아서 저럴까?" 하고 생각할 법도 하지만 나는 참 다행이라는 생각을 한다.

남편 듣기 좋은 소리로 부러 더 "쟤 저러는 건 자기랑 똑같네." 소릴 하곤 씰룩거리는 남편 입꼬리에 나도 흐뭇해하곤 했는데 이젠 아빠와 같은 걸음걸이, 아빠와 같은 다리 모양으로 달리는 아이를 보면 절로 환희의(그리고 안도의) 웃음이 나온다.

이모도
머리 벗을 수 있어?

큰딸이 2015년생 9월생이고 첫 항암치료를 시작한 게 2017년 봄이었으니. 내 딸의 기억 속 엄마는 항상 가발을 쓰고 있었다. 진단을 받고 치료를 하면서도 계속 일을 했으니 밖에서는 어쩔 수 없이 계속 가발을 착용하고 집에 도착해서는 신발 벗기 무섭게 가발도 함께 벗어서 걸어둔다. 이제 이게 당연한 일상이 되었는데 어느 날, 동생이 말했다.

"딸내미 입단속 좀 시켜야겠던데!"

여섯 살짜리 딸이 이모한테 가서 물었다고 했다.

"이모, 이모도 머리 벗을 수 있어?"

순수한 호기심이 귀엽기도, 눈치 보며 속삭이듯 물어보는 모습이 안쓰럽기도, 미안하기도 했다.

한 번은
마주해야 할 순간

나와 동생들은 외할머니 손에 애지중지 자랐다. 할머니는 오랜 시간 암투병 생활을 하셨다.
학창 시절, 할머니는 항상 병원에 입원과 퇴원을 반복했고 거실 한쪽에는 항상 약 봉투가 있었다. 아주 어린 시절을 제외하고 할머니는 항상 머리숱이 별로 없었다. 투병 중이었던 탓이겠지만 그때는 할머니라 그런 줄로만 알았다.

죽음이라는 것에 관심을 갖게 된 딸아이가 물었다.

"근데, 엄마 할머니는 왜 하늘나라 가신 거야?"
"아프셔서 돌아가셨지."
"아픈지 어떻게 알았어?"
"검사도 했을 거고, 할머니도 아프다고 했었지."
"엄마는 나 클 때까지 하늘나라 안 갈 거지? 그럼 나 돌봐줄 사람 없잖아."

숨고 싶을 때
그 상황을 마주해야 할 때가 있다.
아이들에게 죽음에 대해 말할 때가 딱 그렇다.

"……당연하지."

한 달에 한 번, 병원에 가는 엄마가 떠날까 걱정되었나 보다. 언젠가 한 번은 마주해야 하는 순간.

"그럼. 엄마는 우리 다 키우려면 시간이 엄청 많이 걸리니까. 하늘나라 가려면 아직 멀었지."

딸아이는 대화 내내 엄마 눈을 보지도 못하고 옆구리에 얼굴을 묻었다.

나를
옭아매는 것

첫 항암 후, 머리가 빠지던 날 남편에게 말했다.

"나 치료할 동안 엄마 집에서 지낼 테니까. 치료 끝나고 머리 자라면 그때 다시 만날까?"

그만큼 두려웠다. 긴 머리로 26년을 살아온 일반적인 여성에게 머리카락이 없다는 사실은 생각하기도 싫고 누구에게도 보여주기 싫은 치부처럼 여겨졌다. 그래서인지 머리를 밀고 난 후 집에서도 민머리로 활보해본 적이 없다. 항상 샤워를 마치고 욕실 안에서 두건까지 머리에 깔끔히 쓰고 나왔다.

특히 더운 날에는 너무나도 갑갑해서 벗어던지고 싶을 때가 많지만 내 민머리를 보고 놀랄 가족들을 배려하는 차원에서, 애써 시선을 피하는 것을 보게 되었을 때 무너지는 내 마음을 다잡을 용기가 없어서, 무엇보다 나조차도 거울 속 민머리의 내 모습을 볼 자신이 없어서 항상 두건이라도 쓰고 있었다.

두건 없이, 모자 없이, 가발 없이는 안 된다는 강박이 사라진 것은 어이없다고 느껴질 만큼 사소한 순간이었다. 잠자리에 들 때도 꼭 챙겼던 두건이 스르르 벗겨졌을 때였다. '제발 보지 마'라고 속으로 외치며 한 손으로는 얼굴을 가리고 한 손으로는 필사적으로 휘적휘적 두건을 찾는데, 남편이 두건을 찾아 툭 던져주며 손바닥과 손가락을 한껏 펼쳐 머리카락 한 올 없는 내 머리를 쓱쓱쓱 문질러주었다. 순간 마음이 편안해지고 필사적으로 두건을 찾던 내 손이 부끄럽게 여겨졌다.

나를 옭아매고 있는 것은 그 누구의 시선도 그 누구의 말 한마디도 아닌 나 자신일 뿐이었다.

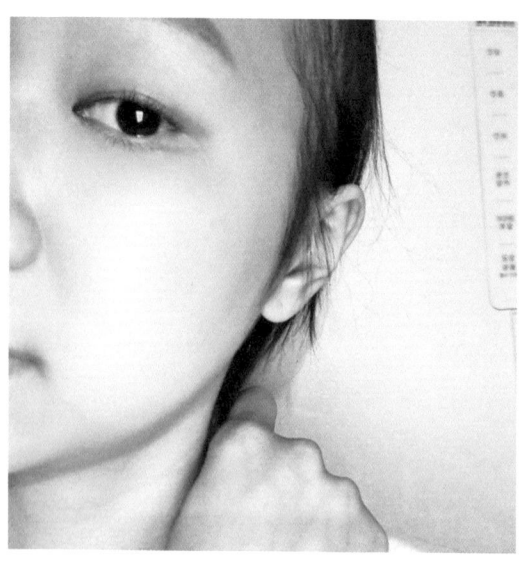

짧은 머리카락이 이제는 낯설지 않다.
부끄럽지 않다.
이것도 '나의 모습'이니까.

이제 두건은 여행 가방 안에 쑤욱 넣어두고 샤워를 마친 후 창문을 조금 열어 바람에 흩날리는 내 솜털 같은 머리카락의 흔들림을 마음껏 만끽한다.

괜히 움츠러들게
하는 말

아이는 그저 생각나서 물을 뿐인데, 괜히 뜨끔 하는 그런 질문들이 있다. 나는 암 환자이기에 '병'이나 '죽음'과 관련된 질문들이 그러하다.
책을 보며 "엄마, 졸도하기 1분 전이 무슨 말이야?"라고 묻기도 하고 TV 드라마에 나오는 누군가의 임종을 보며 "저 할아버지는 왜 죽는 거야?"라고 묻기도 한다.

질문에 응답하면 꼭 그것으로 끝나지 않고 질문이 꼬리에 꼬리를 물기에 어떤 때는 드라마 주인공에게 무슨 일이 일어날 것 같으면 채널을 돌려버리기도 한다.

오늘은 큰아이가 물었다.

"사람은 죽고 나면 어떻게 되는 거야?"

3초 정도 정적이 흐를 동안 머릿속으로 뱉어야 할 말을 정리해 보았다. 내가 하고 싶었던 말은 대강 이렇다.

'더 이상 만나서 이야기하고 같이 밥을 먹고 손을 잡고 할 수는 없겠지만 우리에게 소중했던 사람은 항상 우리 마음속에 남아 있을 거야.'

뭐 이런 말을 뱉기도 전에 들려오는 남편의 목소리.

"사람이 죽으면 땅에 묻을 수도 있고, 화장할 수도 있어."
"……."
"화장이 뭐야?"
"화장은 사람을 불에 태워서 뼈가 나오면 뼈를 가루로 만들어서 통에 보관하는 거야."
"아빠! 사람을 왜 불에 태우는 거야?"

괜히 움츠러들 때가 있다.
마음의 문을 단단히 닫고, 쏙 들어가
숨어 있고 싶을 때.

너무 놀라버린 큰아이와 덩달아 할 말을 잃은 나. 그리고 영문 모르는 남편. 참교육이 필요할 듯하다.

마음을
선물하다

나는 특별한 날, 기념할 만한 날이 되면 항상 꽃시장을 찾는다. 꽃은 마음의 선물이라고 생각하기에 시간이 걸리더라도 굳이 꽃시장에 가서 때에 맞게, 그리고 선물 받는 사람에 맞게 꽃의 색깔과 종류를 고르고 포장을 한다.

어버이날을 앞두고 꽃시장을 찾았다. 아직 어버이날까지는 사흘이 남았기에 제일 덜 핀 카네이션으로 보여달라고 했다. 매년 찍어놓은 듯 솜씨 좋게 만들어놓은 바구니를 사기보다는 올해는 엄마, 아빠께 선물하고 싶은 꽃을 하나씩 담아보기로 했다. 빨간 카네이션에 파란 안개꽃을 달라고 했다. 만들어놓고 보니 마음에 쏙 든다.

나는 헌신적인 엄마와 사랑이 넘치는 아빠가 있다. 엄마는 장녀로 자라 고등학교를 졸업하자마자 회사생활을 하다 만난 아빠와 결혼을 했다. 결혼하고서는 사업하는 아버지의 일을 함께하며(돕는다는 표현으로는 부족하다고 나는 생각한다.) 우리 삼남매를 키우셨다. 엄마는 큰딸로서, 막내며느리로서의 역할도 충실히 하려고 노력했다.

엄마는 힘들다는 말을 하지 않는다. 우리 엄마는 '내가 해야 하나?'라고 묻고, 해야 한다는 결론을 내리면 그걸로 끝이다. '내가 왜 해야 하냐'느니, '내가 그걸 해서 잘 됐다.'느니, '내가 그걸 하느라 너무 힘이 들었다.' 따위의 말은 엄마에게 들어본 적이 없다.

아빠는 인정이 많고 표현을 잘한다. 자식들을 바라보는 아빠의 눈에서는 언제나 꿀이 뚝뚝 떨어진다. 아빠는 결혼 8년차, 서른세 살이 된 딸에게 매일 안부 전화를 한다. 함께 걸을 때면 '누구한테 자신 딸 자랑을 해볼까?' 싶어 주변을 기웃기웃하는 아빠를 보면, 항상 조마조마하다. 말 그대로 못 말리는 자식 사랑이다.

부모님의 헌신과 사랑으로 자란 '나'.
항상 감사하다.

엄마, 아빠는 참 다르다.

엄마는 물 같은 사람이다. 엄마는 흥분하지 않는다. 엄마는 모두가 편할 해결책을 찾는다. 다들 엄마에게는 무슨 말이든 할 수 있다고들 한다.

아빠는 불같은 사람이다. 아빠는 사소한 것에 감동하고 사소한 일에 흥분한다. 아빠는 자기 위주, 자기 사람 위주다. 그래서 다들 아빠에게 잘 보이고 싶어 한다. 아빠 사람이 되고 싶어 한다.

이 꽃다발을 만들고 보니 엄마 아빠가 떠올랐다. 붉은 카네이션 같은 아빠와 파란 안개꽃 같은 엄마.

그 헌신과 사랑으로 자란 '나'임에 항상 감사하다.

개나리와
히어로

'그대여~, 그대여~, 그대여~.'

꽃 노래가 울리면 간질간질한 기분이 스멀스멀 올라오며 봄이 왔나보다 하고 생각하게 된다.

봄은 꽃을 담고 꽃은 추억을 담는다. 설렘이 가득한 벚꽃, 새하얀 매화, 우아한 목련 여러 봄꽃들이 있지만 내 가슴을 울리는 것은 개나리뿐이다.

어린 시절 나는 외가와 한동네에 살면서 어른들의 사랑을 한껏 받으며 자랐다. 그중에서도 외할아버지는 모두와 등지는 한이 있더라도 내 편이 되어주는 나만의 히어로였다.

당시 작은 집 여러 채를 세주며 관리하던 외갓집과 차도의 경계에는 샛노란 개나리 나무가 있었는데, 겨울에는 앙상한 나뭇가지만 늘어져 황량해 보이다가도 봄만 되면 누구보다 먼저 꽃을 피웠다.

지금은 사라진 그 집을 지나갈 때면 항상 개나리 앞에 고무신을 신고 뒷짐을 진 할아버지가 보이는 것만 같다.

아무리 힘든 상황에도 아이들의 미소를 보면
내 삶은 다시 환해진다.

너를 보면
마음이 편안해져

잠을 설쳤다.

푸욱, 자는 것만이 이 늦은 밤 내가 할 수 있는 최선임을 알았음에도 백만 가지 염려와 고뇌로 잠을 설쳤다. 그럼에도 새벽은 찾아왔다. 미지근한 물 한 잔을 한숨과 함께 삼킨다. 아이들이 눈에 들어온다. 밤새 생각의 꼬리가 끊어지지 않아 깜깜하기만 했는데, 아이의 미소는 깜깜한 내 세상을 단번에 밝힌다.

"엄마가 밤새 고민이 많아서 힘들었는데, 네 얼굴을 보니 마음이 편안해져."라고 고백한다.

아이는 숨도 쉬지 않고 답한다.

"엄마, 그럼 엄마는 우리만 보면 되지?"

아주
슬픈 꿈

꿈을 꿨다.

햇볕이 따뜻하고 새들이 지저귀는 여름 오후 하원 차량을 기다리는 엄마들의 수다가 정겹다. 버스가 도착하자 누가 먼저랄 것도 없이 대화를 채 끝마치지도 않고 버스 앞으로 뛰쳐나간다. 아이들은 선생님이 벨트를 풀어주길 기다리며 창밖의 엄마를 쫓느라 눈이 바쁘다.

아이가 창문 건너 "엄마, 엄마" 하고 뻐끔댄다. 아이들은 엄마의 손을 잡고 하나씩 집으로 돌아간다. 나는 그 모습을 바라보고 있다. 내 아이는 버스가 떠난 그 자리에 우두커니 서 있다.

나는 그 자리에 없다. 죽어라 소리쳐도 들리지 않는 아이의 이름을 수백 번 외쳐본다.

아이는 그 자리에 서 있다.
아이는 주저앉는다.
아이는 결국 무릎에 얼굴을 묻는다.

아주 슬픈 꿈을 꿨다.

어쩌면 우린 다 여행을 하고 있는 것은 아닐까.
꿈을 꾸는 건지, 삶을 사는 건지
구분할 수 없을 정도로 가끔 헷갈린다.

살다 보니,
이런 날도 온다

여섯 살 어린 남동생이 있다. 첫째는 엄마 대신이라며 동생들 군기 잡던 어린 시절, 나는 부려도 동네 형이 부린다면 팔뚝 걷어부치고 어느 놈인지 잡으러 가자고 했다.

처음 암 수술을 받던 날 동생은 군대에 갔다. 한쪽 가슴을 잃은 채 훈련병 수료식에 참석하던 날 군기 바짝 들어 한 치의 실수도 없는 동생을 보며 '얼마나 애를 잡았으면 머리 나쁜 놈이 이렇게 잘하냐.'며 펑펑 울었다.

"누나 말은 한 귀로 듣고 한 귀로 흘린다."던 꼬맹이가 이제 돈을 번다.

출장 중 한잔 걸친 동생에게서 전화가 왔다. 내 글을 봤다고 했다. 누나 글이 슬프다고. 누나가 즐기지 못하고 사는 것 같아 마음이 아프다고 했다.

자신이 본 뮤지컬이 유쾌했다고, 누나도 봤으면 좋겠다고 했다. 15만 원을 보내주겠다고, 뮤지컬 예매할 돈이라고 했다. 보기 싫으면 그 돈으로 누나 즐거운 일을 하라고 했다.

대신 앞으로 밝은 글을 써달라고 했다. 나는 밝은 글 쓸 때마다 15만 원씩 주냐고 되물었다. 전화는 끊어졌다.

살다 보니, 이런 날도 온다.

말 예쁘게 하자며?

바쁜 아침 시간, 큰아이가 윷놀이를 하자고 조른다. 시간이 급하다고 나중으로 미루는 엄마 대신 동생이 함께 놀아주겠다고 나선다. 한참 신나게 시간을 보내더니 동생에게 바락 소리를 지른다.

"그렇게 하지 말랬잖아!"

동생은 얼굴이 발갛게 익은 채 고개만 떨구고 있다.

"동생한테 그렇게 소리를 지르면 어떻게 해!"

나도 덩달아 소리를 질렀다. 눈물 훔친 손을 잡혀 억지로 등원 버스에 오른 아이를 보고는 하루 종일 손에 일이 잡히질 않는다.

하원길.

통통, 생글생글
아이들을 떠올리면 마음이 싱그럽다.

역시 아이는 아침 일은 까맣게 잊고 엄마에게 폭 안긴다. 저녁은 아이가 좋아하는 고깃집 외식을 하기로 한다. 두 손을 꼭 잡고 얼굴 마주 보며 아이에게 말한다.

"너도 속상했지? 엄마도 오늘 하루 종일 많이 속상했어. 엄마는 그냥 우리 가족끼리는 서로 예쁘게 말했으면 좋겠어."

다음 날 아침 전쟁은 되풀이된다.

"얼른 엘레베이터 잡아!"

또 엘레베이터를 놓치고 만다.
현관에서 어물쩡거리던 아이에게 핀잔을 준다.
싫은 소릴 듣고도 미동도 없이 뚱한 아이.

한숨을 내쉬더니 말한다.

"우리 가족끼리는 말 예쁘게 하자며?"

말 한마디의
보상

긴 병에 효자 없다지만 부모가 아니라 자식이어도 마찬가지 아닐까.

다행히 가족들의 사랑 속에 그래도 나는 행복한 사람이라며 행복한 투병 생활을 하고 있지만 나의 긴 투병에 가족들이 지치지는 않을까 하는 생각을 떨칠 수는 없다.

햇수로 6년을 꼬박 비완치 암 환자로 살아가다 보니 시시콜콜 모든 경과를 말하지는 않게 된다. 예컨대 이따금 시어머니와의 안부 통화에서 '피검사는 얼마 나왔고요, 암세포는 조금 커졌고요.'라고 얘기할 수 없는 노릇이다. 그런 이유로 이제는 그저 "네, 잘 지내고 있어요. 걱정하지 마세요." 하고 만다.

할라벤 치료를 견뎌내고 종양표지자 수치가 줄어들었던 어느 날, 그날만큼은 누구에게든 이 기쁜 소식을 털어놓고 싶어 남편

"여보세요."라는 말 한 마디에 코끝이 찡한 날이 있다.
딱 내 입맛에 맞는 컵케이크를
먹을 때처럼.

과 친정 식구들에게 전화를 돌리고 마지막으로 시어머니의 전화번호를 눌렀다.

막상 통화버튼을 누르려 하니 지금까지 건강히 잘 지내고 있는 줄로만 알았던 며느리가 알고 보니 아직도 힘든 치료 중이었다는 걸 알게 되면 얼마나 속상하실까 싶어 망설이게 되었다.

그래도 눌렀다.

"여보세요." 하는 목소리에 그만 코끝이 찡했다.

울음을 삼키고 말했다.

"어머니, 오늘 피검사 하러 병원에 왔어요. 아무 문제 없이 다 좋대요. 다 좋다고 하니 어머니 생각이 나서 전화했어요."

나는 간신히 울음을 삼켰는데 맞은편에서는 뜬금없는 전화에 울음이 터져나왔다.

"그래, 그동안 고생했고 잘 버텨주어서 고맙다."

그렇게 전화 한 통에 모든 보상을 받은 듯 했다.

빤히 아는
사실

아무리 빤히 보이는 사실이라도 뻔뻔히 감추고 싶은 것이 있다. 나에게 투병이란 그런 것이다.

아이가 이렇게나 자라는 동안 완치되지 못한 죄로 나는 3주에 한 번 아이에게 해명해야 한다.

"엄마 오늘 병원 가는 날이라, 아침에 할머니가 오실 거야."

아이는 엄마가 병원에 가는 것도, 수술한 팔을 조심해야 하는 것도, 주사를 맞아서 다리가 아픈 것도 모두 알 수 있는 나이가 되었다.

그럼에도 나는 아이에게 '엄마가 아파.'라는 그 말만큼은 하고 싶지 않은 것이다.

가끔은 빤히 다 아는 사실을
모르는 척하기도 한다.
그게 서로를 편안하게 하기도 하니까.

어제 우리 강아지가 아팠다. 아침 식사를 하기 전 강아지를 위해 기도해주자고 했다.

첫째 아이가 말했다.

"우리 강아지가 얼른 낫게 해주세요."

둘째 아이가 말했다.

"하늘나라 대왕님! 우리 엄마랑 강아지 모두 다 낫게 해주세요."

아이도 나처럼 빤히 아는 사실을 모른 척 해왔나 보다.

황량한 겨울나무와 화사한 봄나무.
하지만 같은 나무다.
나는 지금 화사함을 숨기고 있는 겨울나무다.

머리가 짧아진
공주일 뿐

"엄마! 세상에는 날씬한 공주도 있고 뚱뚱한 공주도 있는 거지?"
"그렇지."
"그런데 뚱뚱한 공주는 나쁜 거야?"
"아니, 왜?"
"근데 TV에서는 날씬한 공주가 더 좋은 거라고 해!"
"세상에는 뚱뚱한 공주도 날씬한 공주도 있고, 키 큰 공주도, 키 작은 공주도 있어. 모두 공주야."

아이의 말을 듣자, 왜 나는 스스로 정상에서 비정상이 되어버렸다고 생각하게 되었을까 하는 의문이 들었다. 그저 내 몸에 종양이 있는 사실을 모르고 살다가 알게 되었을 뿐인데…….

나는 그저 머리가 짧아진 공주일 뿐인데.

정말 내가
변한 걸까?

휴대전화를 보고 있는 나에게 남편이 다가왔다. 내 목에 시선을 빤히 두고 의아하다는 표정을 지으며 목으로 소리를 내어보라고 했다. 일부러 소리를 내어가며 "왜애애~." 하고 대답했다. 남편은 더 가까이 다가와서 계속 더 길게 소리를 내어보라고 했다. 나는 심각해졌다.

"불안하게 왜 그래? 왜 그러는지 그냥 말을 해."

남편은 더 가까이 와서 이번에는 노래를 불러보라고 했다.

"하지 말라니까! 왜 그러는지 말을 해!" 하고 왈칵 화를 냈다.

버럭 내지르는 소리에 남편은 그대로 토라졌다. 그리고 왜 이렇게 사람이 변했냐고 타박이다. 무료한 저녁에 소소한 장난을 쳐볼까 했던 모양이었다.

나는 답했다.
나는 상황이 특수하다.
나는 그런 장난을 치면 불안하고 무섭다.

최초로 내 가슴에서 혹을 발견했던 남편이 '이게 뭐냐'는 표정으로 나에게 다가왔을 때 엄습했던 두려움을 당신도 알지 않냐고 했다.

아무래도 남편은 재밌자고 한 장난에 죽자고 덤벼든다고 생각하는 것 같다. 등을 돌린 그의 뒤로 "왜 이렇게 사람이 변했어!"라는 말이 수도 없이 메아리친다.

다른 어떤 모진 말보다 묵직하고 뾰족하게 남는다.
내가 정말 변한 걸까?

내가 정말 변한 건지?

아니면 내 상황이 변한 건지?

내 짐을 내가 아닌 누구에게든, 어떤 방식으로든, 나눠 들게 하지 않으려 무던히 노력했는데……. 허탈했다.

나는
누구일까요?

"엄마, 퀴즈 시작한다! 나는 키가 커요. 나를 보려면 높은 곳을 봐야 해요. 나는 눈이 세 개예요. 나는 세 가지 색깔을 가지고 있어요. 나는 누구일까아~요?"
"아, 알겠다! 눈 색깔이 바뀌었으니 이제 출발해야겠네."
"딩동댕! 어떻게 알았지?"
"다시, 퀴즈 시작한다. 나는 키가 커요. 언제나 함께 있어요. 뭐든지 할 수 있어요. 내 이름을 가장 많이 부르는 사람이에요."
"아, 알겠다. 너도 가장 많이 부르는 사람이지?"
"딩동댕! 어떻게 알았지?"

손가락을
빠는 이유

첫째 아이는 공갈 젖꼭지_{이하 쪽쪽이}에 대한 집착이 심했다. 어딜 가든 쪽쪽이가 없으면 종일 칭얼대곤 해서 옷에 집게로 고정시켜놓을 정도였다.

둘째 아이는 쪽쪽이 대신 엄지손가락을 택했다. 첫째는 어느 순간 단칼에 쪽쪽이에 대한 미련을 끊었지만, 둘째는 다섯 살이 되도록 엄지손가락을 빨지 않고는 잠을 자지 못했다.

하지만 어느 정도 큰 다음부터는 엄지손가락을 입으로 가져가려 하다가도 나를 한 번 쳐다보고는 얼른 손을 주머니에 넣는다. 그러던 둘째가 민망했는지 말을 했다.

"엄마, 내가 왜 손가락을 좋아하는지 알아?"
"글쎄?"
"손은 나한테 많은 걸 해주거든. 내가 놀이도 할 수 있게 해주고,

맛있는 것도 먹을 수 있게 해주고, 정리도 할 수 있게 해주잖아. 그래서 손한테 고마워서 뽀뽀를 해주는 거야."

기가 찼다. 부끄러운 습관을 이렇게 잘 포장할 수 있다니! 그러면서도 나는 과연 누군가에게 진심으로 고마워했던 적이 있던가 하는 생각이 들어 그냥 한번 넘어가 주기로 했다.

그렇게
세상으로 나왔다

어느 순간 나는 혼자가 편해졌다. 처음 암 진단을 받고서 대학병원에서는 수술까지 두 달가량 기다려야 한다고 했다. 배 속 아가와 암세포를 한몸에 둘 수 없다는 일념으로 개인병원 진료를 보았고 바로 이틀 뒤 수술이 가능하다고 했다.

그렇게 나는 첫 수술을 했다.

다른 임산부들과 별반 다르지 않은 환자복을 입고 1인실에 묵으며 회복할 수 있음이 나에게는 알게 모르게 큰 위로가 되었다. 20대의 어린 임산부는 대학병원 다인실에서 쏟아졌을 동정의 시선을 감당할 준비가 되어 있지 않았다.

전이된 이후 대학병원으로 옮겨 오고서는 비싸도 좋으니 1인실, 적어도 2인실이 남아있길 바랐다. 그리고 운 나쁘게 다인실에 들어가게 되면 간이침대에 앉은 친정엄마를 방패 삼아 수줍게

내 세상은 내가 만드는 것.
그렇게 세상으로 나왔다.

웃는 역할 정도만 했다.

엄마가 자리를 비우면 나도 괜히 병실 밖을 서성이다 엄마가 들어올 때에 맞춰 자리로 돌아갔다.

엄마는 나 대신 당신 딸이 얼마나 대단하게 버티고 있느냐에 대해 열변을 토하셨다. 엄마는 나 대신 울었고, 나 대신 웃었다.

어느덧 6년이 흘렀다. 어느 순간 나는 혼자가 편해졌다. 그동안 나는 이런 나도, 이런 일상도 나의 일부로 받아들였다.

나의 일로 가족들의 어깨를 짓누르고 싶지 않아졌다.

병실에 들어서면 아직도 젊은 처자를 안쓰러워하는 시선이 느껴진다. 이제 나는 방패 뒤로 숨는 대신 크게 미소를 짓는다.

소소한 행복을 나눈다는 것의 소중함을
다시 한 번 느낀다.

무엇보다 든든했던 엄마라는 방패를 내려놓고, 나는 그렇게 세상으로 나왔다.

기다리는 시간이 필요할 때가 있다.
너무 성급하면 설렘을 잃어버리니까.

소소한 행복

남편을 보면 종종 '아, 이 사람이라 다행이다.'라는 생각이 들 때가 있다.

군대에 있을 때 달을 보고 '예쁜 여자랑 결혼하게 해주세요.' 했더니 들어주더란다. 내가 아픈 후 그는 깊은 밤길을 걷다 둥그렇게 떠오른 달을 보고는 멈춰 서서 내 건강을 빈다고 한다.

유난히 힘들던 날, 목소리가 듣고 싶다고 보낸 메시지에 그는 내가 가장 좋아하는 노래를 담은 음성파일을 보내왔다.

'아, 이 사람과 함께라서 감당하지 못할 것 같던 세상 속에서도 소소하게 행복하다.'

기다리는
시간

9월에는 아이의 생일이 있다. 아이는 어느새 축하받는 기쁨을 알 수 있는 나이가 되어 생일이 며칠 남았나 손꼽아 기다린다. 봄 여름을 지낼 동안은 잊고 지내다 8월의 모퉁이가 보이자 제 생일이 아른거리나 보다. 9월 1일, 날이 밝자 흥분한 아이가 소리치며 달려온다.

"엄마아~! 드디어 내 생일이 있는 9월이 되어버렸어!"

장단을 맞춰주고 싶은 생각이 들어 아이에게 묻는다.

"이번에 저기 오래된 전자피아노는 내어놓고, 나무 피아노를 선물로 줄까?"

아이는 숨도 쉬지 않고 가자미눈을 뜨고 답한다.

"엄마! 그런 건 미리 말하지 말고 모올래 해주는 거야!"

잠시 뜸을 들인 뒤 다시 말한다.

"그리고 그런 건 선물로 줄 필요 없어!"

엄마는 생일선물을 명분으로 퉁 칠(?) 기회를 잃었다.

또 어떤 하루, 아이가 말한다.

"엄마, 다른 때는 시간이 너무너무 빨리 지나갔는데, 내 생일이 다가오니까 시간이 너무너무 천천히 가."

아이에게도 기다리는 시간은 길기만 한가 보다.

여행을 가기 전 기다림은 곧 설렘이다.
나의 하루도 설렘으로 가득하다.
아직은 그렇다. 아무리 힘들더라도.

7년 전, 이맘때, 나도 그랬다.
8월의 모퉁이가 보일 무렵 미리 사둔 아기 세제로 곧 만날 아가의 물건을 죄다 세탁하고 햇볕에 바싹 말려 하나하나 따로 밀봉해서 보관했다. 아기침대를 부부 침대에 붙여놓고 초음파 사진을 두었다.

'이제 곧 진짜 아가가 눕게 되겠지?'

하루 수십 번 들여다보았다. 내 안에서 힘차게 발차기해 대는 아이를 곧 볼 수 있다는 설렘에 하루하루가 더디게 흘렀다. 잊고 있던 그 시간을 이제 내 아이가 나 대신 기다린다.

남편의 일기 05.
참 다행이다

사내 식당에서 아침을 먹는데, 메뉴가 오징엇국이다.

'맛있다. 우리 민지 잘 먹을 것 같네. 우리 둘은 입맛이 잘 맞아서 연애 때에도 함께 하는 식사는 항상 즐거웠지. 한 번도 메뉴 때문에 싸운 적이 없었지.'

입이 짧은 아내는 독한 치료에 잘 먹지도 못해 괴로워한다. 누구보다 의지가 강한 그녀는 식욕촉진제 처방을 요구해 억지로 식사를 이어간다.

그런 아내가 뭐든 잘 먹었으면 하는 바람으로 마트에 들러 오징어를 찾았다. 삶은 오징어에 팔팔 끓인 오징엇국. 오징어만으로 차린 밥상.

역시 잘 먹는다.

나는 어느 정도 자라면서부터 달님에게 소원을 빌고는 했다. 달님에게 하는 기도는 꽤 잘 들어맞았다. 깜깜한 밤 혹은 희끗한 새벽 나는 하늘을 보며 달님을 찾는다.

"달님, 우리 민지 훨훨 날게 해주세요."

아이들의 행복도 가족 건강도 기도하고 싶지만 달님이 바쁘실까 봐 내 소원은 지금 이것 하나다. 들어주시는 중이라고 믿고 있다.
누군가의 카톡 프로필이 어렴풋이 떠올랐다.

'기도할 수 있는데 뭐가 불행한가.'

나비의 작은 날개짓이 모여
허리케인을 만듭니다.

여러분의 소중한 후원금으로 책을 짓습니다.
감사합니다.

권 희	금정화	김근태	김미경
김민소	김민아	김형순	김경섭
나종민	남윤서	디자인생선가게	
명건국	박남수	박승주	서미옥
손연경	송유경	신현주	용 이
유지현	윤혜신	이경미	이공주
이석진	이옥주	이정아	장사랑
정은선	조영란	조영주	조진희
조혜영	조혜재	주성호	최성원
최소은	최영주	추수하	한 나 J

혜원여자고등학교동창회

이제야 비로소
나를 사랑하게 되었다

6년째 투병 중인 암밍아웃러의 자기 사랑 스토리

1판 1쇄 발행 2022년 7월 15일

지은이 김민지
펴낸이 조진희
책임편집 황남상
디자인 디자인생선가게 김현경
펴낸곳 아미북스
출판등록 제2019-000080
주소 서울시 성동구 성수이로24길 37 503호
전화 02-3673-2220
이메일 cho7662@naver.com
인스타그램 amibooks_official

ISBN 979-11-969852-8-8

이 책의 저작권은 『아미북스』에 있으며 무단 전재나 복제는 법으로 금지되어 있습니다.
잘못된 책은 구입 하신 곳에서 교환해 드립니다.

   이 책은 FSC인증, 친환경용지에 콩기름 잉크로 인쇄되었습니다.